Helge Timmerberg
Reinhold Würth

PIPER

Zu diesem Buch

Am Anfang steht immer die Idee. Und je einfacher sie ist, desto Größeres erwächst aus ihr, denn komplizierte Ideen funktionieren nicht. »Schrauben braucht jeder.« Das war die überaus einfache Idee von Reinhold Würths Vater Adolf Würth. Und der hatte sie zur richtigen Zeit, gleich nach dem Krieg, als es jede Menge aufzubauen gab. »Schrauben braucht die ganze Welt.« Das wiederum war die überaus einfache Idee des Sohnes, der das kleine Unternehmen 1954 übernahm. Traditionell belieferten Schraubenhändler nur Kunden in ihrer Region, Reinhold Würth aber suchte und fand seine Abnehmer schon bald über die Grenzen Hohenlohes hinaus, erst in Deutschland, dann in Europa und schließlich rund um den Globus. Keinen Kontinent ließ er aus, und hätte es die technischen Möglichkeiten und die Nachfrage dafür gegeben, würde er heute mit einiger Sicherheit auch unsere Nachbargestirne beliefern. Würth auf dem Mond, Niederlassungen auf dem Mars. Die brillant geschriebene Biografie eines der größten deutschen Unternehmer.

Helge Timmerberg, geboren 1952 im hessischen Dorfitter, trampte mit siebzehn nach Indien und beschloss, Journalist zu werden. Er zählt zu den innovativsten Journalisten und Reiseschriftstellern Deutschlands und veröffentlicht in der Süddeutschen Zeitung, der Zeit, Stern, Spiegel, Playboy u. a. »Tiger fressen keine Yogis« war sein erster großer Erfolg. Bei Malik und Piper erschienen mehrere Bestseller, zuletzt u. a. die Reisebücher »Die Straßen der Lebenden«, »Das Mantra gegen die Angst«, die Autobiografie »Lecko mio« und »Joint Adventure«.

HELGE TIMMERBERG

REINHOLD WÜRTH

DER HERR DER SCHRAUBEN

PIPER

Mehr über unsere Autorinnen, Autoren und Bücher:
www.piper.de

Von Helge Timmerberg liegen im Piper Verlag vor:
Bon Voyage
Joint Adventure
Lecko mio
Reinhold Würth
Das Mantra gegen die Angst oder Ready for everything
Die Straßen der Lebenden
Die rote Olivetti

MIX
Papier | Fördert gute Waldnutzung
FSC® C021394
PRODUZIERT MIT VERANTWORTUNG

Ungekürzte Taschenbuchausgabe
ISBN 978-3-492-31573-9
1. Auflage Januar 2022
5. Auflage Dezember 2025

Für einen direkten Kontakt und Fragen zum Produkt
wenden Sie sich bitte an: *info@piper.de*
Umschlaggestaltung: Büro Jorge Schmidt, München
Umschlagmotiv: Annette Cardinale
Satz: Fotosatz Amann, Memmingen
Gesetzt aus der Sabon LT Pro
Alle Abbildungen außer den unten genannten: Archiv Würth Abb. 6 und 26: Peter Petter, Künzelsau; Abb. 24: Andi Schmid, München; Abb. 25 und 27: Eva Maria Kraiss, Michelbach a. d. Bilz; Abb. 29: Privat
Litho: Lorenz & Zeller, Inning am Ammersee
Gedruckt von ScandBook in Litauen
Printed in the EU

Inhalt

Am Anfang war die Schraube

Am Anfang war die Schraube. Dann kam der Krieg. Und als der Krieg zu Ende war, was brauchte man da? Für seinen Vater war das keine Frage, für seine Mutter auch nicht. Die Meinungsverschiedenheiten seiner Eltern betrafen die grundsätzliche Einstellung zur Schraube. Dreht man sie als Angestellter oder als Chef? Zu diesem Zeitpunkt war Reinhold Würth zehn Jahre alt und trug eine kurze Lederhose. Sein kleiner Bruder lag noch im Kinderwagen, ihr eigenes Heim in Künzelsau hatten sie gerade eben an die Amerikaner verloren, sie waren bei Freunden evakuiert. Die Wohnungsübergabe war ungeordnet verlaufen. Zuerst hatte Reinhold Würth einen Gewehrlauf gesehen, dann einen Helm und schließlich den ersten Afroamerikaner seines Lebens, der die Englischkenntnisse des Jungen testete: »Out, out, out!«

Danach musste es ja irgendwie weitergehen. Sein Vater plädierte für die Wiederaufnahme seines Angestelltenverhältnisses beim Schraubengroßhandel Reisser, sobald es die Besatzungsmächte erlaubten. Adolf Würth hatte es dort vor dem Krieg bis zum Prokuristen gebracht. Das war nicht schlecht für einen 34-Jährigen, und seine Frau gab ihm recht. Nicht schlecht ist nicht schlecht, aber ist es auch gut?

Gut ist ein selbstbestimmtes Leben. Gut ist, morgens im Spiegel einen Mann zu sehen, der ein risikofreudiges Gesicht rasiert. Die Spiegelbilder derer, die auf Nummer sicher gehen, schauen einen anders an. Adolf Würth hatte alles, was ein Unternehmer braucht. Er konnte gut mit Zahlen, er konnte gut mit Menschen, und er hatte einen exzellenten Ruf in seiner Branche. Aber er war auch ein Genießer und neigte zur Gemütlichkeit. So ein Mann wiegt sich gern in Sicherheit.

Von der nichts mehr vorhanden war. 282 britische Lancaster-Flieger hatten am 4.12.1944 1260,8 Tonnen Bomben auf Heilbronn geworfen. Waldenburg, wo sich die SS verschanzt hatte, wurde von den B-17-Bombern der Amerikaner dem Boden gleichgemacht. Jagdflieger der Alliierten hatten Künzelsau beschossen und anscheinend auch über den Wiesen und Feldern Hohenlohes gejagt, denn tote Pferde lagen hier und da, außerdem zersiebte Kühe – der April 1945 war kein schöner Anblick, und der Krieg war verloren.

Aber auch zu Ende, und das war die gute Nachricht. Nach jedem Ende kommt ein Anfang. Und jedem Anfang wohnt eine Schraube inne, die uns hilft, Hohenlohe wieder aufzubauen. So in etwa argumentierte Alma Würth. Man brauchte Schrauben, Schrauben und nochmals Schrauben – sonst nichts, außer ein bisschen Mut vielleicht, denn welcher Zeitpunkt wäre besser für den Schritt in ein neues, selbstständiges Unternehmerleben als die Tage, in denen niemand mehr etwas hat und alle wieder von vorn beginnen?

Alma Würth war keine Tochter Baden-Württembergs, sie kam aus Schleswig-Holstein, also von der Waterkant, und da herrscht ein anderer Wind als in dem milden Klima des Südwestens. Sie war energischer, konsequenter und vielleicht auch mutiger als ihr Mann, und sie war sich sicher, dass es klappen konnte. Noch bevor sie die Großeltern erreichte, war die Sache entschieden: Adolf Würth wird Chef.

Großvaters gezirkelter Kaiser-Wilhelm-Bart hielt die Stellung in Krieg und Frieden. Der Schnauzer war zu beiden Seiten horizontal nach außen gezwirbelt und an seinem Ende mit einer Locke verziert. Solange Großvaters Bart besteht, wird auf seiner Wiese das nasse Gras in großen Schwüngen mit der Sense gemäht und in seinen Geschäftsbüchern jeder Pfennig, der eingenommen oder ausgegeben wird, mit einer Schrift notiert, die schön ist, ohne verspielt zu sein, und gleichzeitig so korrekt wie der prächtige Bart in seinem Gesicht. Weil er mit seinem Bauernhof, seiner Weingärtnerei und einer kleinen Weinwirtschaft immer selbstständig gewesen war, unterstützte er das Aufbegehren seines Sohnes gegen die Enge des Angestelltendaseins. »Tue recht und scheue niemand«, sagte er zu ihm, und das wird auch sein Enkel nie mehr vergessen. Auch das Dachkämmerle nicht und die riesige Daunendecke mit der Wärmflasche im Bett, sie hatte immer Reinhold Würths Träume beschützt. Und stets kam die Großmutter am nächsten Morgen mit einer großen Tasse Milch und einem Brot, dick mit Butter bestrichen und mit Käse belegt.

Reinhold Würth wird später in seinem Leben oft darüber sprechen, dass er sich als Glied in der Kette seiner Ahnen versteht. Und nie wurde sein Urvertrauen in die Familie gebrochen. Selbst der Welterfolg seiner Schrauben hat mit seinem Großvater begonnen, denn der war es, der seinen Vater in die Lehre zu einem Schraubengroßhändler geschickt hatte und nun auch dabei beriet, wie man seinen eigenen Laden aufmacht – den Reinhold Würth zehn Jahre später übernehmen wird. Die

Schraube rollt durch diese Familie, und sie lässt sich, Gott allein weiß warum, nicht stoppen.

Am 16. Juli 1945 nimmt die Schraubengroßhandlung Adolf Würth in einem Nebengebäude der alten Schlossmühle von Künzelsau ihren Betrieb auf. Das Lager: rund 170 Quadratmeter, das Büro: 15 Quadratmeter, wenn's hochkommt. Personal: ein Angestellter, der aber gleichzeitig noch Herbergsvater in einer Jugendherberge ist, der Fuhrpark: ein Handleiterwagen, eine Sackkarre und ein Ochsenfuhrwerk. Es sind 17 Kilometer bis zur Schraubenfabrik L. & C. Arnold in Ernsbach. Züge fahren nicht mehr, denn die Brücken sind gesprengt. Irgendwas Motorisiertes hat weder die eine noch die andere Firma, also muss das liebe Vieh ran, bis es in Künzelsau endlich gelingt, einen alten Lkw wieder fahrbereit zu machen. Allerdings anders als vorher: Kein Benzin, kein Diesel, sondern Holzgas treibt ihn an. Der Kessel mit dem Generator qualmt hinter dem Führerhäuschen, zum »Tanken« wird Holz nachgeschoben, das in Säcken mitgeführt wird. Höchstgeschwindigkeit: 25 Stundenkilometer. Notbremse: Zwei meißelähnliche Eisendorne an der Hinterachse können herabgelassen werden, die sich in die Straßendecke verkrallen. So rollten in den Pioniertagen der Firma Würth die Schrauben in die Schlossmühle. Im Lager stand in der Mitte zwischen den Regalen ein großer Tisch mit gedrechselten Beinen und darauf eine Küchenwaage mit zwei Schalen. In einem Eimer unter dem Tisch befand sich die eingegangene Ware. Mit einem Milchtopf wurden die Schrauben aus dem Eimer auf den Tisch geschöpft, wo sie gezählt, gewogen und abgepackt wurden. Bis zu 100 Schrauben wurden grundsätzlich mit der Hand gezählt und dann entsprechend ihrem Gewicht zu 500 oder 1000 Stück multipliziert. Von wem?

Nun, in einem Familienbetrieb macht so etwas die Familie.

Der große indische Musiker Ravi Shankar sagte einmal, dass jeder, der es zur Meisterschaft an der Sitar bringen will, im Alter von sechs oder sieben Jahren mit dem Üben anfangen muss. Dasselbe gelte für die Tablas und jedes andere klassische Instrument des Subkontinents. In Europa saß Mozart noch früher am Klavier, Beethoven auch. Beide waren schon mit sechs Jahren konzertfähig. Beim Sport gilt dasselbe. Studiert man die Lebensläufe von Weltmeistern, egal welcher Disziplin, wird man feststellen, dass fast alle bereits als Kind begannen, professionell zu trainieren. Und früh übt sich natürlich auch, was später ein Milliardär werden soll. Reinhold Würth begann mit zehn Jahren. Die Schule öffnete zwar im Herbst 1945 wieder ihre Pforten, sogar mit einer extrem hübschen Lehrerin namens Fräulein Göltenbot, die höchstens 19 Jahre alt war, aber fürs Leben lernte er zu Hause. Er half bei praktisch allem, was die Schraube verlangte, doch Kinderarbeit würde er das später niemals nennen – dafür machte es ihm zu viel Spaß, mit den Ochsen oder dem Holzgas-Lastwagen die Schrauben zu holen, mit der Mutter die Schrauben zu zählen und mit dem Tischler die Regale für die Schrauben zu bauen. Am liebsten aber ging er mit dem Vater die Schrauben verkaufen. Erst zu Fuß bei den Handwerkern in Künzelsau und Umgebung, und als die Eisenbahnen wieder nach Schwäbisch Hall und Heilbronn fuhren und der Postbus endlich wieder das gesamte Kreisgebiet erschloss, ging es weiter in die Ferne, allerdings so weit nun auch wieder nicht, weil die Siegermächte ihre Besatzungszonen wie eigenständige, autonome Wirtschaftsgebiete organisierten und Handel und Wandel über ihre Grenzen hinaus verboten. Trotz der beengten Verhältnisse entdeckte Reinhold Würth während dieser Touren die Leidenschaft seines Lebens. Oder besser: Er entdeckte gleich zwei. Das Verkaufen und das Reisen. Und glücklich ist, wer nie vergisst, dass beides zusammengehört.

1947 vereinigten Amerikaner und Briten ihre Zonen zu einem Wirtschaftsgebiet, und nun reisten Vater und Sohn bereits ins Sauerland und nach Westfalen, um mit den dort ansässigen Schraubenfabrikanten ins Geschäft zu kommen. Denn Gewinne, das ist klar, macht man am leichtesten beim Einkauf. Probleme gab's nur beim Bezahlen. Nicht weil kein Geld da war – im Gegenteil, es gab jede Menge, aber es war nichts wert. Die Inflation hatte aus einer Mark einen Pfennig gemacht. Niemand wollte einen Sack voller Scheine für ein Pfund Schrauben. Aber Zigarren nahm man natürlich gern.

Adolf Würth war ohne Zigarre kaum vorstellbar. Es schien, als sei er mit ihr geboren. Es gibt kein Foto von ihm ohne Zigarre, selbst ins Bad nahm er sie mit, und auch beim Schwimmen blieb sie zwischen seinen Lippen. Was für den Großvater der Kaiser-Wilhelm-Bart war, das war für ihn die Zigarre. Nicht angewachsen, nur angesaugt, balancierte sie Gewinne und Verluste aus, Kältewelle und Hungersnot, Leben und Tod. Solange ich rauche, bin ich. Es gab keinen Adolf Würth ohne Zigarre, und sie stand ihm auch sehr gut. Sie passte zu seinem Gesicht mit den lebensfrohen Wangen und der hohen Stirn, und in seiner Hand wurde sie zum Dirigentenstab. Natürlich hatte so ein Mann exzellente Quellen für den Nachschub, und sein Sohn brachte die Zigarren mit dem Fahrrad zur Schraubenfabrik nach Ernsbach, deren Direktor Ruhnau sich jedes Mal sehr darüber freute, weil auch er ein fanatischer Zigarrenraucher war. Sie war der Trost aller Unternehmer. Und ihr Ansporn. Wenn die Zigarre raucht, dann raucht auch der Schornstein.

Tauschhandel statt Geldverkehr war illegal, aber in den Zeiten, in denen vieles illegal ist, fällt das unter zivilen Ungehorsam; außerdem wurden Feinde zu Freunden. Den Kindern schenkten die Amerikaner Schokolade, den jungen Damen Nylonstrümpfe und Deutschland den Marshallplan. Am 20. Juli 1948 wurde Reinhold Würth von seinen Eltern zur Volksbank geschickt, um das Beste davon abzuholen. Längliche Scheine, ein ähnliches Format wie die Dollarnote, in Blaugrau-Lila gehalten und mit kleinen Farbtupfern versehen. Die D-Mark war da.

Und Ludwig Erhard war da. Er ging später als Vater des Wirtschaftswunders in die Geschichte ein, und jetzt fing er damit an. Er war der deutsche Bundesminister für Wirtschaft in der Bizone und entschied, ohne die Alliierten zu fragen, dass von Stund an Schluss war mit der Rationierung der meisten Gebrauchsgüter. 4000 Artikel, für die man bis dato Bezugsscheine brauchte, waren wieder frei. Und was kauften die Deutschen? Zunächst einmal alles, was plötzlich wieder in den Schaufenstern lag, denn die trostlose Leere der vergangenen Jahre war wie von Zauberhand der Fülle gewichen. Und nachdem das erledigt war, was kauften sie dann?

Das Auto war da. Bis Ende 1949 waren es 365455 Pkws, ein Jahr später verdoppelte sich die Zahl, und zählt man die Lkws und Motorräder dazu, rollten die Deutschen frohgemut mit über zwei Millionen Kraftfahrzeugen in die Fünfzigerjahre. Und immer rollten die Schrauben mit. Blechschrauben, verchromte Gewindeschrauben aus Messing, Nummernschildschrauben und Messingrosetten wurden jetzt gebraucht. Adolf Würth setzte voll auf den neuen Wachstumsmarkt, und das war eine seiner größten unternehmerischen Taten, weil sie die Weichen für den späteren Welterfolg der Firma stellte. Die andere: Er nahm seinen Sohn von der Schule. Adolf Würth wusste um seinen Herzfehler, aber er wusste nicht, wie viel Zeit ihm noch blieb. Er wollte aus seinem Sohn so schnell wie möglich einen Unternehmer machen, der auch ohne ihn klarkommen würde. Er wollte die Schraube weitergeben.

Mit vierzehn begann Reinhold Würth seine offizielle Ausbildung im väterlichen Betrieb, die sich von der inoffiziellen nur darin unterschied, dass er jetzt auch schon vormittags mit den Schrauben seinen Spaß hatte und außerdem nun seinen Vater jederzeit auf dessen Reisen begleiten konnte. 1950 schafften sich die Würths ihr erstes Auto an. Einen gebrauchten Opel Olympia, Baujahr 1937, grau, mit roten Felgen. Der Starter befand sich am Boden, neben dem Gaspedal konnte man auf die Straße durchschauen, und eine Heizung gab es nicht. Weil Adolf Würth sich entschieden dagegen wehrte, eine Fahrschule zu besuchen, musste seine Frau den Führerschein machen und ihn chauffieren. Alma am Steuer, Adolf an der Zigarre und die beiden Buben auf dem Rücksitz, so ging es am ersten Tag an Heidelberg vorbei bis Hannoversch Münden. Am nächsten Tag rollte die würthsche Schrauben-Offensive bereits in die norddeutsche Tiefebene ein, mit Hamburg als Ziel. Das Tor zur Welt. Und die Stadt mit der größten Dichte an Autowerkstätten. Gut fürs Geschäft, aber auch gut für die eigene Karre, denn sie erwies sich als extrem reparaturanfällig.

Von außen sah der Opel Olympia jedoch verdammt gut aus – und noch besser, wenn sich das Ehepaar Würth dazustellte. Ein schönes Paar und hocheffizient.

Er wusste, wie man mit Kunden redet, und sie fuhr ihn hin. Sie war die treibende Kraft, sie lenkte nicht nur den Opel, sondern auch ihn. Gottgewollt, das Ganze. Sie hatten sich in einer Kirche kennengelernt. Sie im Chor, er in den Bänken. Damals, als Adolf Würth noch für die Firma Reisser arbeitete und auf einer Dienstreise in Schleswig-Holstein war, hatte er als braver Christ den Gottesdienst der Kneipe vorgezogen und war dafür mit Alma belohnt worden. Guter Mann, glücklicher Mann, aber die Uhr tickte.

1951 übernahm sein Sohn das Steuer im Opel. Eigentlich war er zu jung, aber weil sein Vater glaubhaft versichern konnte, dass es sich um eine familienbetriebliche Notwendigkeit handelte, bekam er die Ausnahmegenehmigung für den Führerschein schon mit sechzehn. Nun ging das Reisen erst richtig los. Im Inland, aber auch ins Ausland. In die Schweiz, nach Bern, Aarau und Huttwil, um den eidgenössischen Karosseriebauern verchromte Gewindeschrauben aus Messing zu verkaufen. Auf diesen Touren lernte Reinhold Würth so schnell und so viel, dass er bereits im selben Jahr mit immer noch 16 Jahren von seinem Vater auch allein losgeschickt wurde.

Es war im Hochsommer, als er in Sulzbach, südwestlich von Schwäbisch Hall, bei der Firma Mulfinger zwar ordentlich Schrauben verkaufen konnte, aber irgendwas schien trotzdem nicht in Ordnung zu sein. Denn der Kunde musterte ihn ein bisschen amüsiert, ein bisschen ungläubig und auch ein bisschen misstrauisch, von oben bis unten, weil der Juniorverkäufer der Firma Würth kurze lederne Seppelhosen und Kniestrümpfe trug …

In Düsseldorf war er dann schon im Anzug unterwegs. Seine Mutter hatte ihn ausgesucht, sie hatte in der Familie den besten Geschmack. Ein Zweireiher mit Nadelstreifen und breitem Revers. »Bis 25 Grad Innentemperatur«, sagte sie, »bleibt die Krawatte fest gebunden, ab 26 Grad darfst du sie lockern und den obersten Hemdknopf öffnen.« In Düsseldorf war das nicht nötig. Ende Januar 1952 kam Reinhold Würth mit dem Zug in die Stadt, suchte sich über die Zimmervermittlung eine Bleibe und stapfte dann in seiner fabelhaften Garderobe vierzehn Tage durch den Schneematsch. Wieder lernte er etwas fürs Leben. Die Straßen in Großstädten sind manchmal länger als die in Künzelsau. Und nicht immer sind auf diesen Straßen die geraden Hausnummern auf der einen Seite und die ungeraden auf der anderen. Trotzdem fand er ein paar VW-Händler, die ihm genügend Aufträge über Nummernschildschrauben für ihre Käfer und Bullis gaben, um stolz nach Haus zurückkehren zu können. Doch sein Vater war offensichtlich kein Mann, der gerne Loblieder sang. »Na ja«, sagte er, als er das ansehnliche Bündel von Aufträgen in die Hand gedrückt bekam, »so besonders ist das ja nicht.« Erst Jahre später erzählt Reinhold Würths Mutter, dass ihr Mann damals schmunzelnd zu ihr in die Küche gekommen sei: »Das ist gar nicht so schlecht, was der Kerle da gemacht hat.«

Beide Erlebnisse, das Seppelhosen-Desaster in Sulzbach sowie seine Enttäuschung über die mangelnde Anerkennung seines Erfolgs in Düsseldorf, haben bis heute im Konzern Spuren hinterlassen. Das eine führte zu einem legendär konservativen Dresscode, das andere machte »danke« zum wichtigsten Wort der Unternehmenskultur.

Pakete allerdings werden mittlerweile anders gepackt, als es Reinhold Würth von seinem Vater gelernt hat. Zuerst kommt das Packpapier auf den Tisch, dann die Wellpappe und darauf die Schraubenpakete, zu Würfeln aufgebaut. Die Wellpappe wird umgeschlagen und seitlich mit Triangeln verschlossen. Das Packpapier kommt drum herum, das Ganze wird mit Schnur verzurrt und mit einem fünffachen Knoten gesichert, damit später das Ende nicht durchrutschen kann. Reinhold Würth hätte mit dieser Methode jedes Paket-Wettpacken gewinnen können, aber am Dienstag, dem 14. Dezember 1954, war er langsamer als gewöhnlich, denn eine Unruhe lenkte ihn ab, die er sich nicht erklären konnte. Er rief zu Hause an. Niemand ging ans Telefon. Es war eine Hausverbindung. Man musste nur ein Mal an der Scheibe drehen, um den Klingelton in der Wohnung auszulösen. Immer wieder drehte er die Scheibe, wieder und wieder.

Es ist ein bekanntes Phänomen, dass Menschen spüren, wenn der Vater oder die Mutter stirbt. Warum, weiß man nicht. Gibt es eine unsichtbare Nabelschnur, die nur der Tod durchschneiden kann? Adolf Würth hatte einen Herzfehler, der jederzeit gefährlich werden konnte, aber ansonsten erfreute er sich guter Gesundheit, war nicht krank oder schwach gewesen in diesen Wochen und Monaten. Noch am Vormittag waren die beiden durch die Gegend gefahren, um Kunden zu besuchen; zurück in Künzelsau, hatten sie sich getrennt, Adolf Würth wollte zu Hause Schriftverkehr erledigen, sein Sohn im Lager arbeiten. Stattdessen drehte er die Scheibe am Telefon mit wachsender Nervosität, bis schließlich seine Mutter zurückrief und sagte, er solle ganz schnell kommen, der Vater sei auf der Toilette zusammengesunken.

Plötzlicher Herztod, eine Katastrophe für die Familie. Und den Betrieb. Aber wie das immer so ist: In den ersten Minuten, Stunden und Tagen reagiert man wie gelähmt, das Bewusstsein weigert sich, die Tragweite des Verlustes zu begreifen. Erst bei der Beerdigung erkennt es in der Regel wieder die Realität. Ein Loch in der Erde verschluckte den wichtigsten Menschen, den Reinhold Würth in seinem Leben hatte.

Reinhold Würth liebte seinen Vater so sehr, dass er, als er noch ein kleiner Junge war, für ihn eine kleine Wiege aus Sperrholz zugeschnitten, sie mit Linsenkopf-Holzschrauben aus Messing zusammengefügt und alle sichtbaren Teile mit filigran ausgesägten Löchern versehen hatte. Wie gesagt, eine kleine Wiege, gerade groß genug für Vaters Zigarren – das war sein Weihnachtsgeschenk 1943 gewesen. Reinhold Würth liebte seinen Vater so sehr, dass er ihn zehn Jahre später auch beim Binokel hatte gewinnen lassen: ein in Schwaben populäres Kartenspiel, bei dem zur Hälfte das Kartenglück und zur Hälfte die Intelligenz entscheidet. Der Sohn hatte immer wieder gewonnen, bis er freiwillig zu verlieren begann, aber der Vater bemerkte es und schimpfte darüber so laut, dass die Mutter die Karten einfach ins Feuer warf.

Vielleicht liebte Reinhold Würth seinen Vater auch deshalb so sehr, weil dessen Herzfehler ihn vor der Einberufung an die Front geschützt hatte. Er war nicht, wie so viele andere Väter, als gebrochener Mann aus dem Krieg zurückgekommen. Seine Seele war kein Trümmerhaufen, er konnte Vorbild bleiben, Vater, Freund und Bruder in einem.

Und nun verschluckte ihn das schwarze Loch da unten. Aber Adolf Würth hatte vom Schicksal einen gnädigen Tod geschenkt bekommen. Und er hatte es geschafft: Er hatte seinen Sohn alles lehren können und ihm die Schraube übergeben, denn als Reinhold Würth nach der Beerdigung und schon wieder außerhalb des Friedhofs von einem Geschäftsfreund des Vaters gefragt wurde, wie es denn nun mit dem Schraubenhandel weitergehen solle, antwortete er zu seiner eigenen Überraschung sehr konkret: »Ich werde ihn weiterführen.«

Das Mädchen aus dem Kirchenchor

Plötzlich machte es »klack, klack, klack« neben ihm und dann »klack, klack, klack« vor ihm, und dann war es um Reinhold Würth geschehen. Die Absätze gehörten seiner zukünftigen Frau. Sie hatte ihn an diesem Abend zwar noch nicht einmal gesehen, aber seine Blicke klebten an ihr, egal was sie sang.

Reinhold Würth hatte den Schraubengroßhandel das erste Jahr hindurch mechanisch weitergeführt. Alles, was der Vater getan hatte, das hatte Reinhold Würth genau so weitergetan und am Ende des Jahres eine Umsatzsteigerung von 16 Prozent hingelegt. Und weil seine Dienstreisen auch den Besuch von Gottesdiensten einschlossen, übernahm er nun ebenso das Beuteschema seines Vaters. Die besten Frauen sind im Kirchenchor.

Der Chor saß rechts vom Altar, in einem 90-Grad-Winkel zur Gemeinde, und die Gunst der Stunde bot ihm ihr Profil dar. Unheimlich hübsch und mit einem Selbstbewusstsein ausgestattet, das diese Hübschheit glatt ignorierte. Sie sang nicht mit Inbrunst, sondern fröhlich. Dazu trug sie eine knallgelbe Strickjacke mit Puffärmeln.

Von der Predigt, das gibt er gerne zu, bekam er aber

nun nichts mehr mit. Wozu auch? Oder wird in Predigten mitgeteilt, dass Schüchternheit nicht zielführend ist? Er sprach sie nicht an, weder in der Kirche noch draußen vor der Tür, stattdessen schwelgte er während der Rückfahrt nach Künzelsau in den Nachwirkungen des Gottesdienstes. Fromme Lieder öffnen generell das Herz, und sieht man dazu ein Gesicht, das man aus seinen Träumen zu kennen glaubt, wird schnell ein Gefühl daraus, das Pläne zu machen beginnt.

Reinhold Würth hatte in Ulm einen guten Bekannten aus der Neuapostolischen Kirche, der zum Bischof für das südliche Württemberg ernannt worden war. Dem schrieb er am nächsten Tag einen Brief. Er habe im Friedrichshafener Kirchenchor eine junge Dame mit schwarzen, halblangen Haaren, einem Madonnen-Profil und einer extrem schlanken Taille gesehen. Und ob sich der Herr Bischof (herzlichen Glückwunsch zur Ernennung übrigens) vielleicht mal erkundigen könne, wer diese Frau sei und ob sie schon einen Freund habe? Drei Wochen später kam die bischöfliche Antwort: Ja, das Mädchen heiße Carmen Linhardt, lebe bei ihren Eltern in der Löwentaler Straße 105 in Friedrichshafen, und es sei nichts darüber bekannt, dass sie schon liiert sei.

Und wieder verließ ein Brief Künzelsau. Reinhold Würth bat darin die Tochter der Familie Linhardt um ein Date. Nach zwei Wochen kam die Antwort. Nicht ja, nicht nein, aber dass sie ein Foto von ihm sehen wollte, konnte man als ein Jein verstehen. Er schickte ihr das schönste Bild, das er von sich finden konnte, und daraufhin war dann erst einmal Sendepause. Das lag nicht nur an der Post, sondern auch und vor allem an dem Charakter der jungen Dame.

Ein Sonntagskind und im Sternzeichen des Krebses

geboren. Eigentlich sollte sie Hannelore heißen, aber als sie im Gegensatz zu ihrem Bruder, der hellblond und blauäugig war, mit pechschwarzen Haaren und tiefbraunen Augen am 18. Juli 1937 in Pforzheim zur Welt kam, mussten sich die Eltern etwas anderes einfallen lassen. Ihr Vater, ein musikalischer Maschinenbauer, spielte in seiner Freizeit gern auf der Violine, und weil der französische Komponist Georges Bizet sein Lieblingskomponist war, wurde Hannelore halt Carmen genannt. Schöner Name. Aber nicht deutsch genug. Der völkisch gesinnte Standesbeamte weigerte sich, ihn ins Geburtsregister einzutragen. Wie ihn Vater Linhardt umstimmte, ist nicht überliefert, aber wenn Spekulationen erlaubt sind, könnte es folgendermaßen gewesen sein:

Standesbeamter: »Carmen kommt mir spanisch vor.«

Vater: »Na und? Seit wann haben Nazis etwas gegen die Franco-Diktatur?«

Standesbeamter: »Stimmt auch wieder.«

1942 wurde Carmens Vater zur Zahnradfabrik nach Friedrichshafen kriegsverpflichtet. Ein anderes Wort für Zwang, aber manchmal zwingt einen das Schicksal auch zum Glück, denn so entkam die Familie der Bombennacht, die im Februar 1945 über Pforzheim hereinbrach und 17 600 Menschen das Leben kostete, darunter sämtliche Verwandten von Carmen Linhardts Mutter. Den Bombenangriffen auf Friedrichshafen wiederum entkamen sie durch eine Annonce, die Mutter Linhardt in der Zeitung aufgegeben hatte. Sie suchte darin eine Anstellung auf dem Land. Es meldeten sich die Bauern des weit abgelegenen Hofes »Wildes Ried« im tiefen Oberschwaben.

Glückskind Carmen. Eine Waldlichtung des Friedens

mitten im Krieg. Ihre Kindheitserlebnisse sind Erinnerungen an ein Paradies. Sie hat Pferde geputzt und Kühe gemolken, Blaubeeren gepflückt und »Frau Holle« gelesen, und wenn sie sich etwas wünschte, dann, einmal im Wald einem Wolf zu begegnen. Oder einem Fuchs. Von einem erfolgreichen Jungunternehmer wachgeküsst zu werden war dagegen nie ihr Wunsch. Auch nicht nach dem Krieg und wieder in Friedrichshafen, wo sie mit 17 Jahren jüngste Chefsekretärin bei der Zahnradfabrik Friedrichshafen wurde. Carmen machte Karriere, würde man heute sagen. Und ihre Leidenschaft gehörte, wie bei ihrem Vater, der Musik. Sie sang für ihr Leben gern im Kirchenchor. Das Foto von dem jungen Mann aus Künzelsau beeindruckte sie dagegen nicht so sehr.

Mit Spannung wartete Reinhold Würth jeden Morgen auf eine Antwort von ihr. Eine Woche, eine zweite, eine dritte, eine vierte Woche vergingen, und nichts außer dem üblichen Alltagsmist lag im Briefkasten. Er konnte nicht immer selbst nachsehen, dafür war er zu viel unterwegs, aber in solchen Fällen rief er einfach seine Mutter an: »Gibt es Post aus Friedrichshafen?« »Nein, nichts.« Das wurde langsam zur Dauerschleife.

In Lörrach, im Südwesten Baden-Württembergs, telefonierte er in dieser Sache ein letztes Mal ins Leere, dann wurde es ihm zu blöd, und er fuhr gen Osten, um 125 Kilometer weiter unangemeldet an Carmens Tür zu klopfen. Die Mutter öffnete.

»Guten Tag, mein Name ist Reinhold Würth. Ich komme aus Künzelsau und habe vor nunmehr zweieinhalb Monaten Ihre Tochter im Kirchenchor gesehen. Ich möchte sie gern einmal kennenlernen, und wenn sie mir gefällt, habe ich ernste Absichten, sie zu heiraten.«

War das normal in den Fünfzigerjahren, dass junge

Männer noch vor dem ersten Kuss Planungssicherheit boten? Frau Linhardt reagierte weder belustigt noch misstrauisch, sondern so gelassen, als hätte er ihr ein paar Schrauben zum Verkauf angeboten. Ihre Tochter, sagte sie, arbeite um diese Zeit im Sekretariat des Direktors der Zahnradfabrik. Zehn Minuten später war Reinhold Würth vor deren Pförtnerhäuschen und ließ sich mit Carmen Linhardt verbinden, um sie für den Abend zum Essen einzuladen. Sie antwortete freundlich, aber reserviert, dass das nicht passe, weil sie am Abend singe, aber irgendwie passte es dann doch. Um 18 Uhr war er wieder in der Löwentaler Straße 105, versprach dem Vater, dass er seine Tochter pünktlich um 22 Uhr wieder zurückbringen werde, und hatte sie endlich in seinem Wagen.

Der Opel Olympia war Geschichte. Carmen stieg in einen knallgelben 180er Mercedes ein. Sie selbst trug dazu etwas Blaues. Das passte auf jeden Fall. Vier Zylinder, 52 PS, von 0 auf 100 beschleunigte er in sensationellen 31 Sekunden, Höchstgeschwindigkeit 126 Stundenkilometer. Im Autoradio sang Caterina Valente, dass ganz Paris gerade von der Liebe träumt, und man war unterwegs nach Lindau. Was sollte da noch schiefgehen? Carmen war neunzehn. Das war eine der ersten Autofahrten ihres Lebens. Und ihr wurde speiübel.

Jeder Mensch ist einzigartig. Es gibt Ähnlichkeiten hier und da, manchmal glaubt man gar, man habe in einem anderen Menschen einen Zwilling gefunden, aber das stimmt nicht. Keiner ist wie der andere, jeder ist ein Unikat. Deshalb muss es auch für jeden irgendwo auf dieser Welt einen Partner geben, der besser zu ihm passt als alle anderen der sieben Milliarden Menschen. Das heißt nicht, dass er perfekt passen wird – das gibt es vielleicht nicht oder nur selten –, aber es heißt, dass auf alle Fälle und mit hundertprozentiger Sicherheit irgendwo ein Mensch existiert, der am wenigsten unperfekt für uns ist. Das ist keine Esoterik. Das ist Mathematik. Also die Wahrheit. Und fragt man nun Eheberater, welche Paarkonstellationen sich in ihrer Berufspraxis als die nachhaltigsten erwiesen haben, hört man selten von exotischen Verbindungen. Eheleute, die aus demselben Dorf, derselben Stadt, am besten noch demselben Sportverein kommen, bleiben am längsten zusammen. Warum, ist kein Geheimnis. Jede Region hat ihre eigenen Mikro-Dialekte, ihre eigene Körpersprache, ihre eigene Art zu kommunizieren. Da bleibt weniger Raum für Missverständnisse als zum Beispiel zwischen einem Schwaben und einer Philippinerin oder zwischen einer Inderin und einem Polen oder zwischen einem Japaner und einer Russin. Hohenlohe und die Bodenseeregion lagen hübsch nah beieinander, das Alter von Carmen und Reinhold auch, und der gemeinsame »Sportverein« der beiden jungen Leute, die sich nun im Restaurant »Bayerischer Hof« in Lindau näherkamen, war in ihrem Fall der Kirchenchor.

Gut war das Essen im »Bayerischen Hof«, schön der Ausblick auf den Bodensee und groß die Musik dazu. »Cavalleria Rusticana«, sizilianische Leidenschaften statt Caterina Valente, aber zum ersten zaghaften Kuss kam es erst nach dem Essen, als der knallgelbe Mercedes ein bisschen in Richtung Oberstaufen in die Berge hinaufgefahren war. Nun war schnell alles klar. Im Kofferraum wartete ein Blumenstrauß. Reinhold Würth hatte ihn am Nachmittag noch vor dem Rendezvous gekauft. Für die Braut, falls sie ihm gefallen sollte. Wenn nicht, hätte ihn seine Mutter bekommen. Und Carmen hatte gewonnen.

Die erste Million

Nachdem die Liebe fürs Leben ein für alle Mal gefunden und sechs Monate nach dem ersten Rendezvous mit der kirchlichen Hochzeit in Künzelsau besiegelt war, gab Reinhold Würth Gas. Allein 1957 fuhr er 90 000 Kilometer in seinem 190er Mercedes, und dass er mittlerweile mehr Umsatz machte als sein Vater zu Lebzeiten, war der mentale Turbo im Benz. »Jeder braucht Schrauben«, lautete Adolf Würths Geschäftsidee nach Kriegsende. »Die ganze Welt braucht Schrauben«, sagte sein Sohn in den Fünfzigern. Aber erst mal ganz Deutschland. Von den Alpen bis zur Nordsee, von der Donau bis zum Rhein, im Schwarzwald, im Bayerischen Wald, im Teutoburger Wald, in Bielefeld, Braunschweig, und Buxtehude, überall besuchte er Auto-Händler, Auto-Werkstätten und Auto-Zulieferer-Betriebe. So verschaffte sich Reinhold Würth seinen ersten Wettbewerbsvorteil, denn seine Branche war traditionell eher regional orientiert. Warum die Konkurrenz ihre Grenzen akzeptierte, weiß man nicht, aber Fakt ist, ihre Schrauben blieben gern im Landkreis, seine nicht.

»Visionen sind weniger als strategische Planungen, aber mehr als bloße Träume«, sagte er einmal. Und wo kommen einem Visionen? Beim Autofahren. Die Meditation der Nomaden. Die Synchronizität von Rädern und Gedanken, wenn beide rollen. Die Straße fließt mit dem Atem, der nächste Kunde ist nah, dazu brummte das Bruttosozialprodukt in den Fünfzigerjahren wie ein Riese, der aus dem Schlaf erwacht. Und wie wäre es nun, wenn das ewig so weitergehen würde? In dem Jahr, als sein Vater starb, machte der Schraubengroßhandel Würth 146 000 Mark Umsatz, 1955 waren es 170 000 Mark, ein Jahr später kamen noch mal 100 000 Mark mehr obendrauf, und 1957 wurden 354 000 Mark daraus. Nackte Zahlen können wie nackte Menschen hässlich oder schön sein. Diese wurden immer schöner, 1958 verdoppelten sie sich fast, und Reinhold Würths Vision beim Autofahren war natürlich die erste Million bis zum Ende des Jahrzehnts.

Wie schafft man das? Nicht allein. Und nicht mit den falschen Leuten. Sieben waren es in den Fünfzigerjahren, die glorreichen Sieben möchte man sagen, von Reinhold Würth handverlesen ausgesucht. Seine Kriterien: intelligent, arroganzfrei, eine gewisse, durchaus sympathische Schlitzohrigkeit und vor allem die Berufsauffassung: Arbeit muss Spaß machen. Gute Verkäufer sind Menschen, die gerne reden, gerne reisen, gerne Geld verdienen, und zwar so viel, wie sie zu leisten bereit sind. Ihr Festgehalt deckte nur die Grundbedürfnisse ab, die Provision war ihr goldenes Tor. 5 Prozent auf ihren Umsatz, und wenn er 10 000 Mark im Monat überstieg, noch mal 5 Prozent auf die Differenz. Ein Mann wie Hans Hügel, der 1955 als Lehrling bei Würth begonnen hatte, verdiente 1959 monatlich zwar nur 400 Mark Festgehalt, aber bereits um die 1600 Mark an Provision, das machte 2000 Mark insgesamt und galt in den Fünfzigerjahren als viel Geld. Natürlich macht das Spaß. Und fordert heraus zu mehr. Wenn gute Leistung gut und bessere Leistung besser bezahlt wird, ist jeder seines Lohnes Schmied.

Schöner Name übrigens, Hans Hügel. Seine Eltern waren Bauern, und er wollte auch einer werden – bis zu dem Tag, an dem man bei einer ärztlichen Routineuntersuchung an der landwirtschaftlichen Berufsschule feststellte, dass er einen Herzfehler hatte und für schwere Arbeit nicht geeignet war. Also Beamter. Bei der Post in Künzelsau. Das war sein Plan. Nachdem sie ihn dort abgelehnt hatten, hörte er, dass eine Witwe und ihr Sohn für ihren kleinen Betrieb einen Auszubildenden suchten. Beim Vorstellungsgespräch wollte Reinhold Würth dann nur von ihm wissen, in welchem Schulfach er am besten gewesen sei, und als Hans Hügel »Mathematik« sagte, wurde er sofort eingestellt. Er zerkleinerte von nun an alte Kisten zu Brennholz, holte Kohlen aus dem Keller, machte die Öfen im Büro und dem Lager an, fegte die Dielen, putzte das Klo, zog den Leiterwagen zum Bahnhof und wieder zurück, und was das alles mit Mathematik zu tun hatte, wussten nur Gott und der Chef allein. Reinhold Würth, der nur zwei Jahre älter als sein Lehrling war, bildete ihn so aus, wie es sein Vater mit ihm getan hatte, und zum Ende der Lehrzeit ließ er Hans Hügel auf Firmenkosten den Führerschein machen, stellte ihm einen VW-Käfer als Dienstwagen vor die Tür und zeigte ihm, wie man zwischenkuppelt. Am Ende des Tages kam der neue Würth Verkäufer mit heulendem Getriebe und einem Auftrag über 5 Mark zurück. »Nicht gerade üppig, Herr Hügel«, sagte sein Chef dazu. »Aber immerhin, es ist ein Anfang.«

Dass innerhalb von nur zwei Jahren der Bauernsohn Hans Hügel zuerst hundertmal mehr und dann zweihundertmal mehr Umsatz machen konnte als an seinem ersten Tag, lag an zwei fähigen Menschen, dem Lehrer und dem Schüler. Der eine war ein genialer Verkäufer, der andere ein genialer Kopierer. Reinhold Würth nahm den neuen Außendienst-Mitarbeiter auf seinen Verkaufstouren mit, um ihm zu zeigen, wie Verkaufen geht, und Hans Hügel hielt sich hundertprozentig daran. Mit der Garderobe fing es an. Immer Anzug, immer Krawatte und diese immer geschlossen, es sei denn, wie schon gesagt, die Innentemperatur übersteigt 25 Grad. Während der Anfahrt musste man auf das Fahrverhalten achten, denn man wusste ja nie, ob einem ein Mitarbeiter des Kunden oder gar der Kunde selbst im Straßenverkehr zufällig begegnete. Aggressives Hupen, freche Überholvorgänge und beleidigende Gesten rechnen sich dann später nicht. Nächste Lektion: Wie fahre ich auf den Hof? Offenes Fenster, Musik und Zigarette sind nicht so gut, und auch bei der Begrüßung des Kunden kann man vieles falsch machen. Zu lascher Händedruck ist falsch. Er signalisiert Schwäche, Phlegma, Desinteresse. Zu starker Händedruck ist falsch. Er vermittelt entweder grobe Dominanz oder Angst. So greifen auch Menschen zu, die gerettet werden wollen. Außerdem tut ein solcher Händedruck ein bisschen weh. Richtig ist dagegen der mittlere Händedruck, der nicht einschüchtert, sondern Vertrauen schafft. Die souveräne Kraft, der starke Partner, die sichere Schraube in jeder Menge und zu jeder Zeit, all das muss schon der Händedruck vermitteln, und der Blick dabei sollte nicht zu selbstsicher, aber auch nicht zu devot sein. Der Blick nach oben: falsch. Der Blick nach unten: falsch. »Sehen Sie Ihrem Kunden zur Begrüßung immer in die Augen, Herr Hügel. Schenken Sie ihm Ihre Offenheit. Wir sind ja keine Einmal-Verkäufer. Wir wollen immer wieder kommen. Man nennt das Beziehungsaufbau.«

Gute Verkäufer sind unterhaltsame Plaudertaschen. Sehr gute Verkäufer sind spannende Gesprächspartner. Und geniale Verkäufer reden wie ein Freund. Niemand fällt mit der Schraube in die Tür und mit der Tür ins Haus. Das unverbindliche Kommunizieren über alles Mögliche, nur nicht über den eigentlichen Anlass des Besuchs, ist a) ein Gebot der Höflichkeit, b) eine Lockerungsübung und c) eine Schleierfahndung für das anschließende Verkaufsgespräch. Die klassischen, weil ewigen Small-Talk-Themen sind das Wetter, die Frauen und die Steuer, aber auch über Fußball konnte man in dem Jahr, als Hans Hügel seine Schraubenverkäufer-Karriere begann, bereits wieder reden, denn drei Jahre zuvor hatte Deutschland die Fußball-Weltmeisterschaft gewonnen, und 1957 gewann der FC Bayern München zum ersten Mal den DFB-Pokal.

Weitere Gesprächsthemen im Jahr 1957: Ab dem 1. September galt generell eine Geschwindigkeitsbegrenzung von 50 Stundenkilometern in allen Ortschaften Deutschlands, und am 4. Oktober 1957 schossen die Russen den ersten Satelliten der Menschheit in die Erdumlaufbahn. Der Sputnik-Schock. Außerdem wurden 1955 die ersten Soldaten zur Bundeswehr eingezogen, die Europäische Wirtschaftsgemeinschaft gegründet, und im Grenzverkehr zwischen Deutschland und Österreich brauchte man keinen Reisepass mehr. Die Unionsparteien CDU und CSU erreichten bei der Bundestagswahl 1957 mit 50,2 Prozent die absolute Mehrheit, ab dem 11. Dezember wurde es zu einem Verbrechen, die DDR ohne Erlaubnis zu verlassen, Republikflucht genannt. Was die Frauen anging, gab es zwei beherrschende Themen in diesem Jahr: Erstens schrieb man die Gleichberechtigung der Geschlechter ins Grundgesetz. Und zweitens hatte irgendwer Rosemarie Nitribitt ermordet, die edelste aller Frankfurter Edelhuren, und während der polizeilichen Ermittlungen stellte sich heraus, dass ihr Kundenkreis erstklassig war. VIPs und Super-VIPs aus Wirtschaft und Politik wurden des Mordes verdächtigt. Ganz Deutschland redete darüber, wer der Mörder gewesen sein könnte, warum sollte nicht auch Hans Hügel darüber reden?

Sind Gott und die Welt abgehandelt, zielt das unverbindliche Vorverkaufsgespräch auf private Informationen. Wann hat der Kunde Geburtstag, wann Hochzeitstag, und – fast noch wichtiger – wann ist der Geburtstag seiner Frau? Nicht fragen sollte man ihn dagegen, ob er schöne Töchter hat. Und der Verkäufer sollte auch nicht mehr als der Kunde reden. Nicht einmal genauso viel. Je mehr er den Kunden reden lässt, desto mehr erfährt er über ihn. Stichwort Schleierfahndung. Wenn der Verkäufer weiß, wie der Kunde tickt, kann er ihm anbieten, was der Kunde hören will. Ist es ein sparsamer Typ, spart er Zeit und Energie mit einem Schraubenlieferanten wie Würth; reagiert er auf Prestige, verkauft man ihm Qualität.

Nächster Akt: die Bedarfsermittlung. Dazu ist zu sagen, dass immer ein Bedarf besteht, selbst wenn der Kunde anderer Meinung ist. In dem Fall weiß er es nur noch nicht. Eine gute Fragetechnik ist deshalb das A und O für die Vorbereitung der Präsentation. Schlecht sind geschlossene Fragen, die nur mit Ja oder Nein beantwortet werden können. Gut sind offene Fragen: Wo drückt der Schuh, welche Projekte stehen an, wie steht es mit der Konjunktur? Was erwartet der Kunde von dem neuerdings freien Handelsverkehr zwischen Belgien, Luxemburg, den Niederlanden, Italien, Spanien und der Bundesrepublik Deutschland? Was bedeutet die Wirtschaftskraft der EWG für seinen Betrieb in, sagen wir, drei Monaten oder spätestens in einem halben Jahr? Hat er sich eigentlich schon mal klargemacht, wie viele Schrauben er dann brauchen wird? Ein guter Verkäufer ist ein guter Analyst, ein sehr guter Verkäufer ist ein Prophet, und ein genialer Verkäufer ist einer, der nur helfen will. Und zwar allen. Dem Kunden, dem Chef und sich selbst. Und wenn dann der Augenblick endlich gekommen ist, den Humphrey Bogart nannte: »The moment when bullshit walks and money talks« – wenn dieser Augenblick gekommen ist, dann gilt von alters her, dass der Verkäufer so viel und so teuer wie möglich verkaufen will und der Kunde so bedarfsgerecht und billig wie möglich bestellen möchte. Und man trifft sich in der Mitte.

»Man muss halt jeden Tag einen Interessenten finden und jeden zweiten Tag einen Neukunden«, sagte der Chef dazu, aber er sagte es nicht zu Hans Hügel, sondern zu Arthur Herold, den er 1958 einstellte. Dem allerdings hätte er es nicht sagen müssen, denn Herold hatte vorher etliche Jahre als Versicherungsvertreter gearbeitet und verkaufte vom Start weg Schrauben wie im Rausch, obwohl es noch einige Zeit brauchte, bis er überhaupt etwas von Schrauben verstand. 12 500 Mark Umsatz im ersten Monat, 16 000 im zweiten und so weiter und so fort. Arthur Herold war der geborene Verkäufer, aber ein schlechter Autofahrer. Sieben Unfälle in einer Handvoll Jahren. Mal kam ihm beim Überholvorgang ein Auto aus dem Nebel entgegen, mal hatte er anderes zu tun, als nach vorne zu schauen, einmal brachte er fast eine Fahrradfahrerin zur Strecke. Nein, das Autofahren lag ihm nicht, sogar an seinem ersten Tag legte er beinahe einen Unfall hin, weil die Straße vereist, die Ampel rot und der Käfer vom Dienst nicht zu stoppen war. Er hatte ihn von Hans Hügel übernommen, der auf eine Opel-Limousine wechseln konnte. Auch das wurde bei Würth zu einem ehernen Motivationsprinzip. Höhere Umsätze, höhere Kraftfahrzeug-Klassen. Aber aller Anfang war nun mal der gute alte VW, deshalb ist Arthur Herold auch ein überzeugendes Beispiel dafür, was Zwischenkuppeln aus Kniegelenken macht. Sie wurden sein schwacher Punkt, und die Bewegungsabläufe der Volkswagen-Standard-Limousine erinnerten unter seiner Regie eher an einen Ziegenbock als an ein Käferlein. Außerdem war sein Verkaufsgebiet quasi ganz Bayern. Kreuz und quer hoppelte er über die romantischsten Landstraßen der Fünfzigerjahre, von Würzburg immer schön an der Zonengrenze entlang bis Hof und weiter durch den Bayerischen Wald bis Passau. Die bezaubernden Bergwelten um Berchtesgaden und Garmisch-Partenkirchen erwiesen sich als Gebiete, in denen man ständig zwischenkuppeln musste, und von dort ging es auch nicht immer ohne Kurven hinüber zum Bodensee und neckarabwärts bis irgendwo. Wenn Arthur Herold nach einer solchen Wochentour kreuzmüde und mittlerweile mit entzündeten Kniegelenken in seiner treuen Volkswagen-Standard-Rappelkiste nach Hause kam, träumte er nicht von Urlaub, sondern von der Mittelklasse. »Wenn Sie mir mal eine besondere Freude machen wollen«, sagte er zu Reinhold Würth irgendwann, »dann kaufen Sie mir doch bitte einen bequemeren Wagen.«

Er bekam einen funkelnagelneuen, knallroten, schnittigen Borgward Isabella. Ein wahnsinnig schönes Auto, das durch seinen verkürzten Dachaufbau schlank, elegant und länger wirkte, als es wirklich war, außerdem trumpfte die Isabella mit technischen Neuheiten auf. Die Kupplung wurde hydraulisch betätigt, das Vierganggetriebe mit Lenkradschaltung war voll synchronisiert. Ab sofort war Zwischenkuppeln nicht mehr nötig, allerdings, auch das sei gesagt, schaffte es die Isabella von 0 auf 100 in 25 Sekunden und brachte es auf 150 Stundenkilometer in der Spitze. »Hier haben Sie ein schnelles Auto«, sagte der Chef, »aber fahren Sie vorsichtig.« Das aber konnte Arthur Herold nicht. Er konnte nur verkaufen. Doch das so gut, dass er selbst aus seinen Unfallgegnern Neukunden zu machen wusste. Erst knallte es, dann baute man sich voreinander auf, um die Schuldfrage zu klären, und selbst wenn darüber nicht gleich Einigkeit bestand, fragte Arthur Herold den anderen nie, ob bei ihm eine Schraube locker sei, sondern immer nur, ob er vielleicht welche bräuchte. Motivationsgurus sehen darin die Fähigkeit, ein Problem als Lösung zu betrachten, oder bildlicher: das Schloss zum Schlüssel zu machen.

Hätte Arthur Herold all das auch mit einem einfachen Festgehalt vollbracht? Ohne den Zauberstab der Provision, der Hokuspokus Fidibus aus jedem Angestellten einen Mitarbeiter macht, einen Verbündeten auf der Jagd nach dem Schotter? Und was hätte, um einen anderen Helden der Road Movies aus den Pioniertagen der Firma Würth als Beispiel für den unbedingten Umsatzwillen zu benennen, Hans Sigrist getan, als ihm beim Zurücksetzen seines Opel Kadetts einmal ein Malheur geschah? Am frühen Morgen schon und ganz zu Anfang seiner Verkäufertätigkeit. Nach dem Besuch eines Kunden wollte er runter von dessen Hof, legte den Rückwärtsgang ein – und hatte den Schalthebel in der Hand. Abgebrochen! Ein normaler Lohnempfänger würde nun das ganz Normale tun. Ein Telefon suchen, den Abschleppdienst anrufen und warten, warten, warten, bis sich der Vormittag zum Ende neigt, zur Not auch eine Ewigkeit. Aber Würth Verkäufer sind alles andere als normal. Sie sehen in dem Missgeschick nicht einen halbwegs freien, sondern einen verlorenen Tag. Verlorene Kunden, verlorene 5 Prozent. Leckt mich am Arsch, dachte Hans Sigrist. Der Wagen läuft doch einwandfrei, halt nur nicht nach vorn. Also fuhr er im Rückwärtsgang bis zur nächsten Stadt, in der es eine Opel-Werkstatt gab. Fünfeinhalb Kilometer ignorierte er die Schmerzen seiner Halsmuskeln, und in der Stadt hielt er rückwärts vor jeder roten Ampel und fuhr bei Grün rückwärts weiter. Die Leute hielten ihn für durchgeknallt, aber wie gesagt, leckt mich doch am Arsch. Endlich rückwärts in der Werkstatt angekommen, behandelte ihn der Mechaniker wie einen Helden der Opel-Welt. Schulterklopfen, Daumen hoch, Sofortreparatur für 'n Appel und 'n Ei. Und natürlich wurde der Mechaniker dann auch sofort ein Neukunde. Denn noch überzeugender als geniale Worte ist die geniale Tat. Nur für die Konkurrenz wurde das alles ziemlich hart.

Neukunde bedeutete ja nicht, dass einer komplett jungfräulich war, was Schrauben angeht. Er hatte schon welche – von anderen Großhändlern, und das nicht selten auch schon jahrelang. Neukunde bedeutete nicht einmal, dass er mit den alten Lieferanten unzufrieden gewesen wäre. Es kam durchaus vor, dass der Würth Verkäufer in eine heile Welt vorstieß. Mit einer Flasche Rotwein, weil er gehört hatte, dass der Einkäufer eines großen Karosseriewerks so etwas mochte, auch gern während der Arbeitszeit. Verkaufsgespräche mit einem Angeheiterten, das war für Hans Sigrist wie ein Ausflug ins Paradies, und das machte er genau zwei Mal. Beim dritten Mal war der Mann weg. Ein anderer saß auf seinem Stuhl.

»Wissen Sie, wir mussten den Mitarbeiter leider entlassen«, sagte der. »Offensichtlich hat er völlig überzogene Bestellungen getätigt, weil er betrunken war.«

»Ach, das hätte ich nie von dem Mann gedacht«, sagte der Würth Verkäufer, während er sich ein bisschen auf dem Stuhl verkrümmte, damit die Flasche nicht aus seiner Jackentasche fallen konnte. »Aber man steckt ja in den Menschen nicht drin.«

1959 erreichte der Jahresumsatz der Firma Würth die erste Million.

Das erste Flugzeug

Die Cessna F-172 E war der VW-Käfer über den Wolken. Genauso einfach konstruiert, genauso robust, genauso unbequem, aber doppelt so schnell, was die Höchstgeschwindigkeit angeht. Außerdem ist der Himmel grundsätzlich schneller als die Straße. Keine Ampeln, keine Kreuzungen, keine heruntergelassenen Bahnschranken, keine Baustellen, keine Staus, nicht einmal Sonntagsfahrer bremsten Reinhold Würth jetzt noch aus. Die Schnellen fressen die Langsamen. Ein einfaches kaufmännisches Kalkül hatte ihn 1966 auf den Pilotensitz gebracht, aber kaum saß er drauf, machte ihm das Fliegen einen Heidenspaß. Seiner Frau dagegen nicht. Carmen Würth vertrug Turbulenzen und Seitenwind-Attacken genauso wenig wie das Gehopse des Autos auf schlechten Straßen. Und sie war kein Vogel. Sie traute deren Perspektive nicht. Traute sie ihrem Mann?

Reinhold Würth, das wusste sie, war kein potenzieller Bruchpilot. Im Gegenteil, er war talentiert. Außerdem versicherte er ihr viele Male, dass eine Cessna F-172 E eigentlich jeder fliegen kann. Sie verzeiht viele Fehler, auch mehrere auf einmal. Selbst die Unterschreitung der Mindestgeschwindigkeit von 84 Stundenkilometern und deren Folgen balanciert sie aus. Wenn der

Auftrieb zu schwach wird oder ganz zum Erliegen kommt, kippen andere Flugzeugtypen nicht selten abrupt zur Seite und trudeln weg. Wohin auch immer. Und das ist ziemlich schlecht. Aber die Cessna F-172 E ist gutmütig. Sie kippt, wenn die Luftströmung an den Tragflächen abreißt, nach vorne und stabilisiert sich selbstständig. Die Metallkonstruktion der einmotorigen Propellermaschine ist außerdem so solide, das man sie auch aus zwei Metern Höhe auf die Landebahn plumpsen lassen könnte, was Flugschülern manchmal passiert, und trotzdem passiert nichts. Auch nicht, wenn keine asphaltierte Landebahn vorhanden ist. Die Cessna landet gern auch auf Schotter oder auf einer Wiese. Und sie braucht nur zweihundert Meter, um auszurollen. Das machte sie bei den Buschpiloten Afrikas so beliebt. Nein, Carmen Würth musste sich wirklich keine Sorgen machen, aber trotzdem hatte sie immer eine Kühlbox mit genügend haltbarem Proviant dabei, um nach einer Notlandung in unwegsamem Gelände ein paar Tage überleben zu können.

Nicht nur deshalb hatte Reinhold Würth gut lachen. Auch die nackte Schönheit seiner Zahlen ließ ihn weiter frohlocken. Die erste Million Mark Umsatz von 1959 hatte er bereits vier Jahre später verzehnfacht, und im Jahr 1966, als er sich die Cessna kaufte, steuerte das Unternehmen auf 18 Millionen Mark Umsatz zu. Diese erfreuliche Entwicklung war zwei seiner wichtigsten unternehmerischen Entscheidungen Anfang der Sechzigerjahre zu verdanken. Die erste war die ständige Verkleinerung der Verkaufsgebiete in Deutschland. Es liegt auf der Hand, dass ein Verkäufer allein nicht den Markt von ganz Bayern optimal durchdringen kann, oder von einem Gebiet, das Niedersachsen, Schleswig-Holstein, Hamburg und Bremen zusammen umfasst. Und die Lösung des Problems ebenso: mehr Verkäufer. Den neuen Verkäufern mussten die alten Teile ihrer Gebiete abtreten. Deren Bedenken, nun weniger zu verdienen, zerstreuten sich schnell im Aufwind ihrer Geschäfte. Je kleiner der Radius, desto mehr ging man in die Tiefe des regionalen Marktes. In jeder Stadt, ob groß oder klein, in jedem Dorf, in jeder Siedlung wurden Schrauben von Werkstätten, Tischlereien und immer mehr Kfz-Betrieben gebraucht. Mitte der Fünfzigerjahre gab es etwa 1,7 Millionen Personenkraftwagen in Deutschland, Mitte der Sechzigerjahre waren es etwa zehnmal mehr. Also Neukunden zuhauf. Die Gebietsverkleinerung bedeutete auch kürzere Wege und damit bessere Pflege der Stammkundschaft. Und außerdem war man abends öfter mal wieder zu Hause. Die glorreichen Sieben der Fünfzigerjahre waren mittlerweile auf 35 angewachsen, und in zehn Jahren, da war sich Reinhold Würth sicher, würde es mehr als eine Hundertschaft glorreicher Würth Außendienstmitarbeiter sein.

Denn es gab ja nicht nur Deutschland. Das war die zweite Entscheidung, die den Weg vom »Käsladen« zum Konzern frei machte: Schrauben kennen keine Grenzen. Mit den Niederlanden, Belgien, Dänemark und der Schweiz fing es in den frühen Sechzigerjahren an, inzwischen hatte Würth sieben Gesellschaften im Ausland, und alle liefen prächtig. Natürlich gab es hier und da Anfangsschwierigkeiten, aber das war normal, weil andere Länder halt andere Sitten hatten. In Österreich war die Bürokratie das größte Problem, aber auch die Bunkermentalität der einheimischen Schraubenfabrikanten, die anfangs einen deutschen Großhändler in ihrem Revier nicht akzeptieren und beliefern wollten. In Frankreich rechnete der erste Verkäufer, noch bevor er auch nur einen Auftrag geschrieben hatte, Restaurant- und Hotelspesen wie ein Sonnenkönig ab, und in Italien war das Problem die Zahlungsmoral der Kunden. Aber sie kriegten das in den Griff, denn Reinhold Würth schickte ins Ausland immer nur die Besten. Den Besitzer der Eisdiele in Künzelsau zum Beispiel, Onorino Soccol. Toller Name, guter Mann. Seine Eisdiele war jahrelang der Hangout des Chefs gewesen, und er hatte sofort »Sì, è più bello« gesagt, als Reinhold Würth ihn 1963 gefragt hatte, ob er sich vorstellen könne, statt Erdbeereis in Hohenlohe auch mal Schrauben in Italien zu verkaufen.

Die Cessna F-172 E war also gerade mit Reinhold Würth, seiner Frau und ihrem Notfallproviant zur Würth Gesellschaft nach Bozen unterwegs. Zwischen ihnen und Onorino Soccol lagen nur noch die hohen Berge. Und da tat sich nun leider etwas. Schlechtwetterlage am Alpennordrand. Wolkenstau. Eine dunkle, fast schwarze Wand. Reinhold Würth sah zu, dass er an Höhe gewann, und kam in 11 000 Fuß Höhe gerade so über den Stau weg. Aufgrund der starken Thermik befand sich die Cessna dann aber schnell in einer Art Wolkentrog, einer ziemlich großen Schüssel von vereinigten Himmelsmonstern, und Carmen Würth schloss schon mal mit ihrem Leben ab. Ihr Mann kreiste derweil, um zu überlegen, was er jetzt noch machen konnte, und plötzlich fand er es, das Loch vom Dienst, durch das er ins Inntal hinunterstechen konnte, um in Innsbruck eine Zwischenlandung einzulegen. Bei Reinhold Würth führte dieses Erlebnis zu der Erkenntnis, dass Sichtflug auf Dauer nicht der Weisheit letzter Schluss war und er deshalb so bald wie möglich die Instrumentenflugberechtigung erwerben sollte. Seine Frau blätterte, um sich zu beruhigen, im Flughafen eine Illustrierte durch. Und was las sie dort, obwohl sie es nicht lesen wollte? Eine Geschichte über Flugzeugabstürze. Die Headline war zu groß, um sie zu übersehen: »Runter kommen sie immer.« Sind das Journalisten oder Sadisten?

Reinhold Würth war wie sein Vater. Der hatte auch immer gerne seine Frau um sich. Und Carmen Würth wusste das zu schätzen, denn es soll auch Männer geben, die dem Tag entgegenfiebern, an dem sie endlich wieder allein auf Geschäftsreisen gehen können. Deshalb begleitete sie ihn, so oft er sich das wünschte und es sich machen ließ. Außerdem wurden die Flugzeuge ja immer besser. Zwei Jahre später kaufte und flog Reinhold Würth die etwas schnellere, etwas stärkere, etwas bequemere Piper PA-23-250 Aztec C, die eine größere Reichweite hatte. Und die nächste war die Cessna 340. Mit der kam er schon 2330 Kilometer weit, ohne zwischenlanden zu müssen, und so sollte es weiter und immer weiter und immer schneller gehen. Sechzehn Flugzeuge insgesamt, von den Propeller-Klapperkisten bis zu den Jets. Sein größter war die Dassault Falcon 900 EX. Rund 20 Meter lang, rund 20 Meter Spannweite, drei Turbinen, Höchstgeschwindigkeit 880 Stundenkilometer, maximale Reichweite 8797 Kilometer. Mit den Flugscheinen (ATPL), die er machte, und den über 7000 Flugstunden *in command*, die er in seinem Leben absolvierte, hätte Reinhold Würth auch Berufspilot bei der Lufthansa oder wo auch immer werden können. Aber er blieb gerne Unternehmer.

»All you need is love,
all you need is love,
all you need is love, love,
love is all you need.«

Der 14. Nummer-eins-Hit der Beatles in den US-Charts wurde auch in Deutschland von allen Dächern gepfiffen. Der Vietnamkrieg hatte begonnen, LSD wurde genommen, Hippies, Gammler und außerparlamentarische Oppositionelle trugen ihre langen Haare entweder aus Protest oder aus Jubel. Sie jubelten über das kommende Wassermannzeitalter – vielleicht war es ja auch schon da. Und der Protest gebührte den alten Zeiten, dem Krieg, dem Geld, allen über dreißig und den Unternehmern. Gestern noch Vorbild, heute Feindbild. Reinhold Würth, der Mitte der Sechzigerjahre die Altersgrenze überschritten hatte, hinter der es nur noch Leute gab, denen man nicht trauen sollte, nahm das alles recht gelassen. Und ließ sich auch nicht die Haare wachsen, bei seinen Außendienstmitarbeitern ließ er es ebenso wenig zu. »Haare schneiden« gehörte zum Dresscode der Firma, denn man verkaufte nun mal keine Drogen, sondern Schrauben. 1967 für über 21 Millionen Mark, 1968 für über 26 Millionen und in dem Jahr, in dem Willy Brandt Kanzler und der Minirock weltweit Mode wurde, machten sie über 39 Millionen Mark Umsatz.

Und weil mit wachsenden Umsätzen die Anforderungen an den Innendienst synchron mitwachsen, beschäftigte die Firma zum Ende der Sechzigerjahre über 430 Mitarbeiter insgesamt. 1969 war auch das Jahr, in dem der erste Mensch auf dem Mond spazieren ging und Würth den Sprung in die USA wagte. Aber weil die Götter oft neidisch auf zu erfolgreiche Menschen sind, brachten sie in diesem Klasse-Jahrzehnt auch ein großes Unglück über die Familie Würth.

Drei Kinder hatten sie mittlerweile. Marion war 1958 zur Welt gekommen, Bettina drei Jahre später und Markus noch mal vier Jahre danach. Und Markus bekam ein Problem, obwohl dessen Ursache eigentlich als Lösung vieler Probleme angepriesen wurde: eine dreistufige Kinderschutzimpfung, als er vier Monate alt war. Schon nach der zweiten Impfung hatte er drei Tage und drei Nächte über 40 Grad Fieber gehabt, und deshalb hatte Carmen Würth die dritte nicht mehr gewollt, zumal es sich dabei um einen völlig neuen Impfstoff gegen Keuchhusten handelte. Aber der Arzt hatte ein schweres Geschütz aufgefahren: »Wenn Sie das nicht machen, gefährden Sie die Gesundheit Ihres Kindes.« Markus war danach sechs Jahre nur krank. Er hatte ein schwer gestörtes Immunsystem, war ständig erkältet, und immer wieder hatte er das hohe Fieber. Als sich das Jahrzehnt dem Ende zuneigte, stabilisierte sich zwar sein Gesundheitszustand, aber die Schäden im Gehirn, die das Fieber hinterlassen hatte, erwiesen sich als irreparabel. Die Feinmotorik war gestört, er blieb in seiner Entwicklung gegenüber Gleichaltrigen zurück, er konnte nicht sprechen. Und würde es nie können. Nicht ein Wort.

Die Lehrer

Reinhold Würth hat immer an Gott geglaubt. Er war da, wenn man ihn brauchte, und wenn man ihn nicht brauchte, war es gut zu wissen, dass er in der Nähe ist. Ein gottesfürchtiges Leben zu führen bedeutet, im Auftrag des Herrn unterwegs zu sein, und Glaube, Liebe, Hoffnung sind ein Erfolgsmodus für nahezu jedes Unternehmen. Man muss es nicht sagen – es reicht, wenn man es ausstrahlt. Jeder der glorreichen Sieben der wilden Fünfzigerjahre erzählt dasselbe über sein Vorstellungsgespräch bei Reinhold Würth in Künzelsau. Keiner war begeistert von der Klitsche, in der es stattfand, dem einfachen Lager, dem Lastkarren, dem spärlich bemöbelten 15-Quadratmeter-Chefbüro, aber alle waren begeistert vom Chef, obwohl er oft jünger war als sie. Seine Ausstrahlung war es. Die überzeugte sie. Und seine Bilanzen. Dasselbe sagten auch eigentlich alle in den Sechzigerjahren, obwohl sich die Verhältnisse langsam verbessert hatten. Die Betonung liegt auf langsam. Die Lagerkapazitäten und Büros schienen in den Anfängen immer zu klein zu sein. Auch das verdankt er seinem Glauben. Und seiner Heimat. Die Bescheidenheit ist eine Tugend vor Gott und die Sparsamkeit eine Angewohnheit der Hohenloher. Und ein Wettbewerbsvorteil. Bei Reinhold Würth hört sich das so an:

»Der mit niedrigen Kosten produzierende Betrieb beherrscht das Wettbewerbssystem und erzielt mehr als durchschnittliche Gewinne mit weniger als durchschnittlichem Risiko.«

Reinhold Würth ist keine Spielernatur. Risiko nur so viel, wie es sein muss. Sobald das Glück mit ins Kalkül aufgenommen wird, ist Schluss.

Die Arbeit jedes Unternehmers, der in großen Bögen denkt, ist das Emporklettern auf den kurzen und langen Himmelsleitern, wie es Reinhold Würth einmal beschrieben hat. Die kurzen sind die Taktiken, die langen die Strategien, und der Himmel ist die Erfüllung der Vision. Schon seine Wortwahl weist auf die Kombination von religiösen und militärischen Lehrern in seinem Leben und Tun.

Carl von Clausewitz war einer davon. Ein preußischer Generalmajor und Militärwissenschaftler, der sein Leben lang gegen Napoleon zog und darüber Bücher schrieb. *Vom Kriege* ist sein unvollendetes, aber wichtigstes Werk. Es wird noch heute an den Militärschulen gelehrt. Aber auch an Wirtschaftsuniversitäten, weil der freie Markt das Schlachtfeld der Unternehmer ist und die Konkurrenz der Gegner. Natürlich kann man sie auch Mitbewerber nennen. Aber welchen Unterschied macht das? Also sprach Clausewitz: »Taktik ist die Lehre vom Gebrauch der Streitkräfte im Gefecht. Strategie dagegen ist die Lehre vom Gebrauch der Gefechte zum Zwecke des Krieges.«

Die Streitkräfte von Reinhold Würth waren seine Verkäufer, und ihr aggressives Verkaufen in den Pionierjahren gehörte zu den Taktiken des jungen Unternehmers, um in den Markt einzudringen. Anders ging es nicht, weil nirgendwo und niemals die Konkurrenz ihr Territorium freiwillig aufgibt. »Hallo, lieber Mitbewerber, gibst du mir deine Kunden ab? Das wäre nett.« Nein, so läuft das nicht für ein neues Vertriebsunternehmen. Das geht nur mit »einer gewissen Hemdsärmeligkeit«, wie Reinhold Würth zu den »wilden Jahren« Bilanz zieht. Erst wenn man Marktführer geworden ist, kann man auch dessen Verantwortung übernehmen und dafür Sorge tragen, dass die Sitten am Markt nicht allzu sehr verwildern. Für diese Wandlung vom Saulus zum Paulus hatte sich Reinhold Würth Ende der Fünfzigerjahre einen Zeithorizont von zehn bis zwanzig Jahren gesetzt. Die Marktführerschaft war seine Vision. Jetzt brauchte es Strategien.

»Es gibt viele Hinweise bei Carl von Clausewitz, wie man einen Markt erobern kann«, schrieb Reinhold Würth in seinem 1999 erschienenen Buch *Erfolgsgeheimnis Führungskultur*:

> *»Im Wettbewerb wie im Krieg wählt man ja zwischen verschiedenen Strategien, um sein Ziel zu erreichen. Jedes Unternehmen, jede Armee hat nur begrenzte Ressourcen, sodass man bestimmte Prioritäten setzen muss, um den optimalen Return on Investment zu erzielen. Ich bin wahrscheinlich etwas unorthodox vorgegangen, indem ich unsere Kräfte nicht auf einen bestimmten Punkt konzentrierte – nach der Devise: eine Lücke suchen, durchbrechen und die Front von hinten aufrollen. So sind wir Deutschen in den Panzerschlachten des Zweiten Weltkrieges verfahren. Eine solche Strategie wirkt zwar verhältnismäßig schnell, ist aber auch riskant … Ich habe andere Prioritäten gesetzt, indem ich nicht erst den deutschen Markt erschloss und dann ins Ausland ging, sondern umgekehrt … Man kann meine Strategie in folgendes Bild fassen: Anstatt den Druck auf einen bestimmten Punkt der*

Front zu konzentrieren, um hier den Durchbruch zu erzwingen, habe ich den Druck auf die ganze Front verteilt, über mehrere Jahre aufrechterhalten und schließlich die Front in voller Länge eingedrückt. Es war wie ein Ermüdungsbruch. Aber dadurch sind wir nicht nur in Deutschland, sondern zugleich auch weltweit Marktführer geworden.«

Das schaffte Reinhold Würth in den Achtzigerjahren, aber schon zu Mitte der Siebziger machte sich seine Strategie bezahlt. Im Jom-Kippur-Krieg gingen wieder einmal Todfeinde aufeinander los, und wieder einmal demütigte Israel die Araber durch einen schnellen Sieg. Zum ersten Mal setzten die arabischen Länder daraufhin die Ölwaffe ein. Sie drosselten die Produktion um 25 Prozent und erhöhten gleichzeitig die Preise eminent. Ergebnis: eine andere Welt. Die Bundesrepublik Deutschland, die 75 Prozent ihres importierten Erdöls aus den arabischen Staaten bezog, musste von heute auf morgen 17 Milliarden Mark mehr dafür bezahlen, an den Tankstellen zogen die Preise für Normalbenzin um 20 Prozent an, vier Sonntage lang durften die Deutschen nicht mehr auf ihren Autobahnen fahren, die Pkw-Produktion sackte rapide ab. 1974 wurden 810 284 Autos weniger gebaut. Eine Schlüsselindustrie ging in die Knie und mit ihr das ganze Land. Kurzarbeit, Massenentlassungen, die Zeit der schlechten Zahler begann, 16 294 Firmen meldeten Konkurs an, Kredite platzten, die Geldinstitute reagierten hypernervös. Reinhold Würth: »Jeden Tag rief irgendeine Bank an …«

Dass er die Wirtschaftskrise trotzdem relativ unbeschadet überstehen konnte, hatte er seinen mittlerweile sechzehn Auslandsgesellschaften zu verdanken, die vom Ölschock weniger betroffen waren. In Südafrika, Brasilien, Norwegen und Kanada, um nur einige von ihnen zu nennen, rollten die Schrauben für Reinhold Würth weiter wie gewohnt. Der Gesamtumsatz im Krisenjahr: 201,5 Millionen Mark. Und als im nächsten Jahr der Spuk vorbei war: 241 Millionen. Dann 286 Millionen und so weiter und so fort, und dieses »und so weiter und so fort« ließ in Reinhold Würth die Erkenntnis wachsen, dass es höchste Zeit sei dazuzulernen.

Die Größe, in die sein Unternehmen hineinwuchs, sowie die Geschwindigkeit dieses Wachstums überforderten seinen Wissenstand, der in der Methode *Learning by Doing* bestand. Durch den Tod seines Vaters ins kalte Wasser geworfen und geschaut, dass man nicht untergeht – so fing es ja an. Und dann ging es zwei Jahrzehnte im Verkauf nur noch ungestüm voran. Das Hintendran wurde irgendwie mitgeschleppt. Die Lagerprobleme, die Logistik, die Finanzierungskonzepte wurden passiv angegangen. Man löste die Probleme, wenn sie auftauchten. Wenn ein Lager aus den Nähten zu platzen drohte, schaffte man ein größeres an, wenn Geld fehlte, besorgte man es, auch das Management war recht hemdsärmelig unterwegs, und das alles kann man bei einem kleinen Betrieb auch so machen. Bei einem mittelgroßen funktioniert dieses Prinzip ebenfalls noch irgendwie, ist aber nicht zu empfehlen, und wenn ein Unternehmen zu einem Weltkonzern wird – ja, was dann?

Reinhold Würth zeichnet sich unter anderem dadurch aus, dass er nichts tut, nur weil er es muss. Er tut es auch, weil es ihm Spaß macht. Die hobbyhafte Einstellung zum Beruf, die er so oft beschwört, machte auch vor der Weiterbildung nicht halt. Er lernte immer gerne dazu. Reinhold Würth: »Landläufig sagt man ja, dass Wissen Macht ist. Aber das stimmt nicht ganz. Wissen an sich bewirkt nichts, es wird nur dann zur Macht, wenn das Wissen auch realisiert wird. Und dann zieht es auch Geld an.« Natürlich stimmt das, aber angenehm ist auch der Nebeneffekt. Die Lösungen, die Wissen mit sich bringt, das Verstehen, der Aha-Effekt – all das ist bereits ein Lustgewinn. So tickt der Mensch. Von der Stirn an abwärts zählt er zur großen Familie der Säugetiere, aber sein Gehirn gehört irgendwie schon zur Götterwelt. Wem ein Licht aufgeht, der erlebt einen heiligen Moment. Oder, um auf dem Teppich der Neurologie zu bleiben: Jeden Funken der Erkenntnis belohnt das Gehirn mit einem Glückshormon und den Funkenflug mit einer rauschhaften Emotion. Und wenn man davon süchtig wird, ist das auch nicht schlimm, denn Lernen ist die beste Droge, die es gibt. Sie hat nur gute Nebenwirkungen, und die beste davon ist, dass man Dummheiten unterlässt. Seinem Gehirn nichts zu tun zu geben ist das Dümmste schlechthin.

Eine Geschichte aus Japan erklärt Segen und Fluch recht gut, wenn auch für westliche Gemüter ein wenig brachial. Einem Mann wird auf dem Flohmarkt ein Teufelchen zum Kauf angeboten. Es hockt in seinem Käfig und sieht den Mann vertrauensselig an. Der Händler sagt, was es kann. Eigentlich alles. »Es nimmt dir jede Arbeit ab, jede Routine, jede Terminplanung sowie die Erinnerung daran, es hält deine Wohnung sauber, deine Konten flüssig und deine Affären auseinander. Was immer du zu tun hast, das Teufelchen tut es für dich.« Und der Haken daran? »Na ja«, sagt der Händler, »du musst dem Teufelchen immer etwas zu tun geben, jeden Tag, jede Stunde, jede Minute, sonst flippt es aus.«

Der Mann nimmt das Teufelchen mit nach Haus und ist schon bald aus allem Schlamassel raus. Jeden Morgen übergibt er ihm eine To-do-Liste von beachtlicher Länge, und abends ist sie Punkt für Punkt abgehakt. Er ist glücklich, das Teufelchen ist glücklich, und wenn sie nicht gestorben sind, wäre das noch immer so, wenn nicht eines Tages unser Mann auf seinem Heimweg zufällig einen lange nicht gesehenen alten Freund wiedergetroffen hätte. Er ging mit ihm was trinken und trank dabei so viel, dass er sich am nächsten Tag auf einer Parkbank wiederfand. Er schaute auf die Uhr und erschrak. Es war bereits Mittag. Und er hatte seinem Teufelchen noch nichts zu tun gegeben. Er eilte, so schnell er konnte, nach Hause, aber bereits im Flur schlug ihm ein schlimmer Geruch entgegen, und als er die Tür zur Küche öffnete, sah er, wie sein Teufelchen Nachbars Baby am Spieß briet.

Wie gesagt, eine japanische Geschichte, aber ihre Botschaft ist global bis universal. Halte dein Gehirn auf Trab, sonst kommt es auf dumme Gedanken. Reinhold Würth hatte damit nie ein Problem. Er war immer und überall daueraktiv. Rechnen, planen, verhandeln, die Konferenzen, die Korrespondenz, das Telefon. Im Büro, zu Hause, unterwegs, pausenlos, und selbst in den Pausen forderte er sein Gehirn heraus. Sobald es auf Geschäftsreisen seine Zeit erlaubte, sah er sich Museen, Kirchen und alles andere an, wovon man lernen kann. Geschichte war seine Leidenschaft, die Botschaften der Architektur, der Literatur und der Kunst sog er auf wie ein Schwamm. Und wenn er einmal still und allein an einem Tisch im Caféhaus saß – auch dann kam es kaum vor, dass er nicht irgendetwas Nützliches las: *Süddeutsche Zeitung*, *FAZ*, *Die Zeit* und nicht nur deren Wirtschaftsteil. Ein Unternehmer, der die Politik und den Zeitgeist ignoriert, ist mit seinen Produkten schnell isoliert. Und wenn jede Zeitung gelesen, jede Sehenswürdigkeit besichtigt und jede Arbeit getan war, dann schrieb er halt Tagebuch. Oder machte Fluglizenzen. Und als nun die Zeit gekommen war, in der Reinhold Würth lernen musste, wie man einen Weltkonzern aufstellt, stürzte er sich in die Wirtschaftswissenschaften wie ein junger, hungriger Student.

Die ewigen Wahrheiten sowie deren Übersetzungen in die Moderne, die neusten Methoden, die Management-Moden: Reinhold Würth las alles, was es dazu Profundes zu lesen gab, lauschte Vorträgen, besuchte Seminare. So kam er an Prof. Dr. Bruno Tietz, eine Koryphäe der Betriebs- und Handelswirtschaftslehre, des internationalen Marketing und der Futurologie. Er lehrte an der Universität des Saarlandes, aber kennengelernt hat man sich bei einem Seminar in Zürich. Reinhold Würth war hingerissen von dem Vortrag des Professors. Nicht alle, die viel wissen, können auch reden, nicht alle, die viel reden, wissen was. Dieser Mann wusste, was er sagt. Und wie er es sagen musste, damit man es versteht. Er hatte die Gabe, die kompliziertesten Sachverhalte in einfache Bilder zu fassen, er setzte die Worte fast wie ein Literat. Außerdem war er fleißig. Neben seiner Lehrtätigkeit als Professor und Vortragsreisender im Wanderzirkus der Manager-Seminare schrieb er einen Haufen Bücher, und nur eines davon war unter 700 Seiten stark. Mit seinem Gesamtwerk könnte man ein Haus abstützen, falls es mal einen oder eineinhalb Meter abzurutschen droht. Sein Forschungsinteresse galt der Neupositionierung, Beschaffungsorganisation und Durchsetzungpolitik von Unternehmen auf dem internationalen Markt, seine Themen kombinierten fast allesamt schon im Titel die Fachbegriffe der Wirtschaft mit dem Wort »global«. Außerdem dachte er ganzheitlich: Unternehmen kommen ohne die Erkenntnisse der Psychologie, Philosophie und Soziologie – wenn überhaupt – nur humpelnd und beschwerlich voran. Das alles machte ihn für Reinhold Würth ideal. Umgekehrt galt dasselbe. Der Wissenschaftler war fasziniert von dem Autodidakten. Theorie und Praxis fanden Gefallen aneinander, und wie immer, wenn Reinhold Würth einen guten Mann rekrutieren wollte, machte er auch dem Professor ziemlich schnell ein Angebot, das der zwar ablehnen konnte, aber klug wäre das nicht gewesen. In Künzelsau wurde Professor Tietz mit offenen Armen empfangen, alle engeren Mitarbeiter von Reinhold Würth, wie die inzwischen in Führungspositionen aufgestiegenen Haudegen der Fünfzigerjahre, waren von dem Professor ebenso begeistert wie der Chef. Denn Professor Tietz sagte:

> *»Schrauben und Befestigungsteile sind vergleichbar mit Grundnahrungsmitteln wie Brot und Butter.«*

Das waren wahre Worte, und sie verdienten einen Zwischenapplaus. Sie wurden auf dem Würth Kongress 1976 vorgetragen, es war kurz vor Weihnachten, und die Botschaft blieb froh. Denn Professor Tietz gab die Überzeugung kund, dass es mit dem Unternehmen nur noch weiter aufwärtsgehen würde. Und das aus folgendem Grund:

> *»Weil es nur aufwärtsgehen kann, gleich wohin die übrige Wirtschaftsentwicklung geht. Geht es schlecht, werden die Autos länger gefahren, bleiben länger im Dienst und müssen gewartet werden – mit Schrauben. Geht es gut, werden sie weniger lang gefahren, und neue Schrauben halten die neuen Wagen zusammen – pro Wagen, wie man weiß, zwischen 400 und 1500 Stück, vom Drumherum nicht zu reden. Diese Entwicklung geht quer durch die gesamte Wirtschaft und Technik, von der*

Waschmaschine bis zum Baukran, vom Wäschetrockner bis zum Schlagbohrer.«

Alles klar, der Mann hatte es drauf. Am Anfang war die Schraube. Und am Ende auch. Schrauben mit einem Butterbrot zu vergleichen und Krieg und Frieden gleichermaßen als Vater des Schraubenhandels zu benennen, ist ziemlich genial. So viel zum Grundsätzlichen, und nun zum Ganzheitlichen:

»So wie das Rad die Voraussetzung dafür ist, dass Dinge sich bewegen, so dienen Schrauben und Befestigungsteile dazu, Dinge zusammenzuhalten. Das Konzept, Verbindungen zu schaffen, ist der kategoriale Ausgangspunkt des Würth-Systemdenkens. Dabei geht es nicht nur darum, Produkte zu verkaufen, die Metall, Holz, Kunststoff und sonstige Werkstoffe verbinden, sondern bei Würth versteht man darunter auch im übertragenen Sinne, die Außendienstmitarbeiter an die Zentrale des Unternehmens zu binden, alle Inlands- und Auslandsgesellschaften untereinander in Kontakt zu bringen und vieles mehr.«

Zu dem »vieles mehr«, das Tietz offenließ, gehörte natürlich auch die Bindung des Kunden an den Schraubenhändler (und umgekehrt) sowie die Bindung des Kapitals an den Konzern, und nicht zuletzt die Bindung des Unternehmers an Gott und die Welt, also an seine soziale Verantwortung. Ist das schon Philosophie? Hoffentlich. Denn darauf lief es hinaus. Tietz hielt eine ganzheitliche Unternehmens-Philosophie für den wichtigsten Ausgangspunkt des Erfolges:

»Sie entsteht intuitiv durch den Unternehmer selbst, der sie vorlebt, und durch die Führungskräfte, die sie, solange das Unternehmen noch klein ist, nachleben und später selbst zum Vorbild werden.«

Hatte Tietz hier allgemein gesprochen oder seine Zuhörer gemeint? Denn genauso war es bisher in diesem Unternehmen gelaufen. Reinhold Würth hätte sich mit seinen Primärtalenten auch als Profi-Philosoph versuchen können. Seine Bücher hätte er auf alle Fälle gut verkauft. Und für die Herren Hügel, Herold, Specht und Sigrist, mit denen er angefangen hatte und die bereits Mitte der Siebzigerjahre zu den konzerninternen legendären Karrierevorbildern zählten, stimmte die Analyse des Professor Tietz auch. Die Philosophie war schon da – was noch fehlte, war, sie zu manifestieren. Auf die gute alte Art, also auf Papier, damit jeder der mittlerweile mehr als 77 000 Mitarbeiter sie nachlesen, verstehen, akzeptieren und leben kann. Reinhold Würth tat das gern. Und schrieb mit der *Firmenphilosophie für die Würth-Gruppe* die Bibel des Konzerns.

Im Grunde verhielt es sich mit fast allem so, wozu der Wirtschaftswissenschaftler dem Unternehmer riet. Kaum etwas musste bei Würth neu geschaffen oder völlig umgekrempelt werden. Nur straffer strukturiert. Der Außendienst zum Beispiel musste aus dem Schraubenrittertum in ein stehendes Heer überführt werden, und das macht man durch die Schaffung von Divisionen. Vertriebswege wurden in »Kraftfahrzeuge« und »Handwerk« getrennt sowie in »Holz« und »Metall«, und man schuf auch einen eigenen Vertriebsbereich für die Industrie. Der Unternehmer erklärte es seinen Managern auf dem Würth Kongress 1976 so:

»Vergessen wir nicht, dass der Normalverkäufer unmöglich alle 30 000 Sorten und Abmessungen unseres Lieferprogramms hinsichtlich Beschaffenheit und Funktion kennen kann. Dieses Mammutprogramm ist für den Einzelnen gar nicht mehr überschaubar und fassbar. Die Folge ist, dass

Marktchancen vergeben werden, weil man das eine oder andere Produkt nicht genau kennt, um es im Verkaufsgespräch beratend anbieten zu können. Und gerade die Kundenberatung ist heute eine der wichtigsten Funktionen im Marketing.«

Die Divisionalisierung machte aus den Würth Verkäufern spezialisierte Experten für die Lösung der Probleme ihrer Kunden. Dafür wurden sie 61 Tage lang in Lehrgängen geschult, und das führte in einigen Bereichen innerhalb kürzester Zeit zu Umsatzsteigerungen von 70 Prozent. Außerdem gab es ja Mitte der Siebzigerjahre nicht nur viel mehr Produkte als in den Fünfzigern, sondern auch viel mehr und immer mehr werdende Verkäufer. Auch das musste logistisch a bisserl strukturiert werden. Die klassische Pyramide. Ganz unten die normalen Verkäufer, darüber die Hauptverkäufer, die die normalen betreuten, als Nächstes der Bezirksleiter – der kümmert sich um die Hauptverkäufer –, und über ihm ist der Verkaufsgebietsleiter. Deutschland war in fünf Verkaufsgebiete unterteilt, und der Leiter für alle wurde Hans Hügel, der zwanzig Jahre zuvor als Lehrling bei Würth begonnen und damals noch nicht sofort verstanden hatte, warum der Chef ihn beim Einstellungsgespräch nach seinen Kenntnissen in Mathematik befragt hatte.

Ein weiterer Rat von Professor Tietz war die Schaffung eigener Produkte und Marken. Eine imagebildende Maßnahme, die dazu führte, dass Qualität und Würth zusammengehörten. Warum zur Hölle war denn noch nie jemand auf die Idee gekommen, zweischenklige Werkzeuge, die seit hundert und mehr Jahren unverändert angeboten wurden, mal auf den neusten Stand der Ergonomie zu bringen? Mit den Wissenschaftlern des Fraunhofer-Instituts in Stuttgart entwickelte die neue Produktabteilung Zangen und Blechscheren, die nicht mehr wehtaten und keine Blasen hinterließen, weil sie sich in die Hand schmiegten und noch dazu mehr Kraft übertrugen. Bei den Handwerkern, die damit jeden Tag arbeiten mussten, verkauften sie sich, als hätte sie ihnen der Arzt verschrieben. Das war nur ein Beispiel aus der neuen Produktlinie »Zebra«, denn bei Würth begann man, Patente und Gebrauchsmuster zu sammeln wie anderswo Briefmarken. Schon wenige Jahre später werden in der Forschungs- und Entwicklungsabteilung vierzig Techniker die Anregungen des Außendienstes und der Kunden in neue Produkte umsetzen, und das unglaublichste Ding, was sie je schaffen sollten, wird ein Regal für die Kunden sein, das selbstständig erkennt, was fehlt, und das Fehlende auch selbst in Künzelsau bestellt.

Die Führungskultur

Zwei Theorien. Die eine heißt X, die andere Y. Und es geht um Menschenbilder. X sagt, der Durchschnittsmensch ist ein fauler Sack, der jeder Arbeit aus dem Weg geht. Und ist sie nicht zu vermeiden, tut er so wenig wie eben nötig. Verantwortung reicht er weiter, Ehrgeiz denunziert er als Strebertum oder schlechte Charaktereigenschaft, alles, was er will, ist Sicherheit und eine ruhige Kugel schieben.

Y sagt das Gegenteil. Die Arbeitsbereitschaft ist im Menschen genauso vorhanden wie der Spieltrieb. Arbeit kann ihm sogar Spaß machen. Ihn befriedigen. Ihn ausfüllen. Verantwortung trägt er mit Stolz, Ehrgeiz sieht er sportlich. Er hat Lust auf Leistung. Außerdem sagt diese Theorie, dass der X-Typ nur ein durch negative Erfahrungen frustriertes Y ist. Seine Kreativität kann reaktiviert werden, und er ist längst nicht so dumm, wie er tut.

Die X-Y-Theorie vom bipolaren Menschenbild hat der Vater der neuzeitlichen Managementlehre, Douglas McGregor, 1960 in den Raum gestellt. Für Unternehmer bedeutet diese Theorie, dass man sich entscheiden muss, denn die Führungsanforderungen für X oder Y sind recht unterschiedlich. Für jemanden vom Typ X braucht man Zwang, Kontrolle, Bedrohung und Strafe durch ein zentrales Führungssystem, damit seine ruhige Kugel nicht zur Schlaftherapie wird. Man nimmt keinerlei Rücksicht auf seine Bedürfnisse, und kein Schwein interessiert sich für seine möglicherweise ungenutzten Fähigkeiten. Prinzipiell behandelt man so auch Schafe. Mit jemandem vom Typ Y dagegen geht man menschlich um. Information, Kooperation, Motivation und ein dezentraler Führungsstil sind hier gefragt.

Reinhold Würth brauchte keinen Atemzug, um sich festzulegen. »Ich bin ein absoluter Verfechter der Theorie Y«, sagte er auf dem Würth Kongress im Frühjahr 1980 in Dänemark. Man hatte im vergangenen Jahr weltweit nicht nur 550 Millionen Mark Umsatz gemacht und damit innerhalb eines Jahrzehnts die Umsätze versechsfacht, auch die Zahl der Mitarbeiter war auf 3365 gestiegen, und da wundert es nicht, dass für Reinhold Würth die Führungskultur immer mehr zum Thema Nummer eins wurde. Denn es geht bei den Varianten X und Y ja nicht nur darum, ob man böse oder gut führen will, sondern auch darum, ob man dumm oder klug führen möchte.

Reinhold Würth erläuterte das seinen Leuten gern an einem Beispiel aus der Luftfahrtindustrie in Kalifornien. Es trug sich in den Vierzigerjahren zu, aber die Prinzipien, um die es geht, sind zeitlos. Die Produktivität der Flugzeugfabrik ging den Bach hinunter, weil in den meisten ihrer Abteilungen die Mitarbeiter wechselten wie das Wetter im April, und solange sie nicht kündigten, wurden sie extrem oft vom Arzt beurlaubt. Nur in einigen sehr wenigen Abteilungen hatte man es mit genau dem umgekehrten Sachverhalt zu tun: Die Leute blieben lange, wurden selten krank und lieferten erstklassige Arbeit ab. Nicht weil sie besser waren als die anderen, und auch nicht, weil sie ein besseres Immunsystem hatten. Der Grund dafür waren ihre Abteilungsleiter. Die sahen ihren Job nicht darin, von morgens bis abends die Peitsche zu schwingen, sondern für sie war es das Wichtigste, ein starkes Zusammengehörigkeitsgefühl zu schaffen. Sie erreichten das im Wesentlichen durch vier Methoden. Oder waren es schon Eigenschaften? Erstens waren sie keine Sadisten, sondern freuten sich, wenn sie ihren Leuten die Arbeit erleichtern konnten. Zweitens sahen sie ihre Mitarbeiter nicht am unteren Ende der Fahnenstange, sich selbst aber ganz oben, vielmehr verstanden sie sich als Vermittler zwischen den Polen. Drittens konnten sie zuhören. Und viertens nahmen sie das Gehörte ernst. Beschwerden wandeln sich schnell in Verbesserungsvorschläge, wenn man sie nicht als Belästigung abtut. Die Folge dieser Methoden, die eigentlich Selbstverständlichkeiten waren? Siehe oben: ein natürliches Verantwortungsgefühl des Einzelnen für den Erfolg seiner Gruppe. Überdurchschnittliche Leistungsbereitschaft und Blaumachen galten als unsozial.

»Es gibt keine schlechten Soldaten, nur schlechte Feldherren«, sagte Napoleon.

»Es gibt keine schlechten Mitarbeiter, nur schlechte Manager«, sagt Reinhold Würth.

Was ist ein schlechter Manager? Nun, darauf gäbe es viele Antworten, aber vielleicht hier erst mal die wichtigste: Ein schlechter Manager ist einer, der schlecht informiert. Der Mensch wird misstrauisch, wenn man ihm Wissen vorenthält. Das ist nun mal so. Wie geht es dem Unternehmen? Wie sicher ist mein Arbeitsplatz? Und was kann ich dafür tun, dass er sicher bleibt oder sicherer wird? Was sind die Gründe für Veränderungen im Betrieb, für modifizierte Arbeitsabläufe, für Verschiebungen in der Hierarchie? Warum soll ich Dinge plötzlich anders tun als gewöhnlich, und – auch das kann man sich fragen – warum will der Chef immer mehr? Was soll das eigentlich mit den ewigen Steigerungen der Jahresumsätze? Warum ist dem Chef das heilig? Und warum sollte es mir als Arbeitnehmer genauso heilig sein?

»Weil die Interessen des Unternehmens und die seiner Beschäftigten untrennbar miteinander verbunden sind«, sagt Reinhold Würth.

Und diese Interessen sind?

»Erfolg gebiert Erfolg, und nichts ist erfolgreicher als Erfolg.«

Das ist im Kern die Antwort auf alle Fragen, und wer das versteht und auch versteht, dass er an dem Erfolg partizipiert, kennt nicht nur das Warum, er gibt auch sein Bestes dafür. »Es gibt keine schlechten Mitarbeiter«, sagte Reinhold Würth noch einmal, »es gibt nur schlecht informierte Mitarbeiter.« Und was sagte Nietzsche dazu? »Wer ein Warum zu leben hat, erträgt fast jedes Wie.«

Das Zauberwort ist also Motivation, und der freie Fluss der Informationen ist die Grundlage dafür. Nicht nur von oben nach unten. Die Richtung von unten nach oben ist genauso wichtig. Führungskräfte müssen wissen, wie ihre Entscheidungen bei den Geführten ankommen, was sie bewirken und was nicht. Herr Honda, der höchste Chef des gleichnamigen Konzerns, arbeitete deshalb immer mal wieder auf den niedrigsten Positionen mit, um am eigenen Leib zu erfahren, wie es sich unten anfühlt, wenn oben einer Mist gebaut hat. So weit ging Reinhold Würth auch, und jeder seiner Mitarbeiter, der ihm auf den Fluren, in der Kantine, im

Foyer der Konzernzentrale, auf den Betriebsfesten oder sonst wo begegnete, durfte ihn ansprechen. Das war Gesetz. Und jeder durfte ihn anrufen. Jeder. Wenn es wirklich wichtig ist. Natürlich motiviert das, natürlich fühlt man sich geehrt, gebraucht, geschätzt. Und das Interessante daran ist: Kaum einer rief Reinhold Würth an. Entweder erschien ihm sein Anliegen doch nicht so wichtig, oder er hatte vor ihm zu viel Respekt – oder es reichte schon, dass sein Vorgesetzter wusste, dass sein Untergebener sich, falls nötig, direkt an den Konzernherrn wenden konnte. Dadurch werden Vorgesetzte automatisch netter und machen weniger Stress. Die Betonung liegt auf »weniger«. Stress lässt sich nicht immer umgehen, gerade in Krisenzeiten nicht, aber Dauerstress ist schlecht. Sagt der Chef. Für den Menschen wie für das Geschäft. Reinhold Würth erläuterte das mit einer Formel:

Druckfaktor 1 = Erfolgsfaktor 1
Druckfaktor 2 = Erfolgsfaktor 2
Druckfaktor 3 = Erfolgsfaktor 0

Zu viel Druck erzeugt Demotivation, schlimmer noch: Die Beschäftigten solidarisieren sich gegen ihre Vorgesetzten mit den üblichen Notwehr-Instrumenten. Dienst nach Vorschrift, vorgetäuschter Dienst oder, falls der Hausarzt mitspielt, gar kein Dienst.

Auch sehr beliebt: Probleme kommen sehen und den Abteilungsleiter ins Messer laufen lassen. Wenn es hart auf hart kommt: selbst Probleme schaffen und sie für den Vorgesetzten wie Fallen aufstellen – das nennt man dann Intrigen. Und das alles nur, damit der Vorgesetzte vor seinen Vorgesetzten schlecht aussieht. Was wird dabei schon anderes herauskommen als null Erfolg? Der Druckfaktor 3 kann also Dauerstress sein. Druckfaktor 2 dagegen ist zeitlich begrenzter und durch Krisen oder Umstellungen der Arbeitsprozesse bedingt, oder dadurch, dass ein Kunde plötzlich 150000 Schrauben auf einmal bestellt. Druckfaktor 2 ist notwendiger Stress. Und was ist Druckfaktor 1? Dazu gibt es verschiedene Varianten aus den Führungsgremien des Unternehmens Würth. Der eine Manager sagte: »Eifriger Normalbetrieb.« Das hört sich vielleicht ein bisschen leichter an, als es ist, weil das Wort »permanent« davor fehlt. Von morgens bis abends durchgehend eifrig sein ist nicht unmöglich, aber man muss sich erst mal daran gewöhnen. Ein anderer Spitzenmanager, der wahrscheinlich oft in Japan weilte, brachte Kaizen ins Spiel. KAI heißt (ständige) Bewegung, ZEN heißt (zur) Besserung. Der Gedanke dahinter: Absolute Perfektion gibt es nicht, es geht immer noch besser. Und Reinhold Würth formuliert es so: »Ein Betrieb, der traditionell nur 80 Prozent Planerfüllung erwirtschaftet, speichert in seiner Unternehmenskultur das Mem, dass 80 Prozent schon die Planerfüllung sind.« Und was er damit sagen will: Die 100 Prozent stehen einfach nicht zur Disposition. So viel zum Druck. Die andere Seite der Erfolgsmedaille ist der richtige Ton. »Es nützt nichts, in der Sache recht zu haben und dies den Mitarbeitern im Befehlston oder mit überheblicher Schnoddrigkeit beibringen zu wollen«, sagte Reinhold Würth. »Jede Art von Kommandoton oder Arroganz im Management wurde deshalb von mir massiv bekämpft. Außerdem habe ich oft gesagt, dass ein Lob in vielen Fällen mehr zur Motivation eines Mitarbeiters beiträgt als 200 Mark Gehaltsaufbesserung.«

Das stimmt, das hat Reinhold Würth oft gesagt, und ein bisschen stimmt es auch nicht, jedenfalls nicht im Detail. Manchmal waren es bei ihm 100 Mark, die weniger bewirkten als ein Lob, mal 300, aber was macht das schon? Lob ist ein fabelhaftes Belohnungsinstrument, kraftvoller als Geld, und es kostet nichts. Der zynische Aspekt darin trifft auf Reinhold Würth nicht sonderlich zu, weil er über das Lob hinaus gute Leistungen gut und bessere Leistungen besser bezahlt und die Besten der Besten im Vertrieb in einen exklusiven Club aufnimmt, in dem Geschenke verteilt und Reisen gemacht werden. Er nannte ihn 1978 den »Club der 80 000«, was nicht heißt, dass der Club 80 000 Mitglieder anvisierte, sondern nur Verkäufer, deren monatlicher Umsatz dieser Summe entspricht. Als Reinhold Würth den Club ins Leben rief, haben seine Außendienstler laut gelacht. 80 000 Mark im Monat! Pro Mann? Wie soll das gehen? Als Antwort darauf konnte er ihnen schon einen Monat später das erste Clubmitglied vorstellen sowie 26 Anwärter, die bereits 50 000 Mark geschafft hatten.

»Mir ist ganz selbstverständlich klar, dass nicht die Hälfte unseres Außendienstes in den Club 80 000 eintreten wird«, sagte Reinhold Würth auf einem Kongress in Dänemark. »Hauptanliegen bei seiner Gründung war es, in unserem Außendienst die Maßstäbe zurechtzurücken und klarzustellen, dass ein Monatsumsatz von 80 000 Mark von einem guten Verkäufer durchaus erreichbar ist.«

Freiheit! Ein großes Wort, ein heiliges Ziel. Was haben Menschen nicht schon alles dafür getan? Darum gehört auch sie zu den Belohnungen im Würth System. »Je größer die Erfolge, desto größer die Freiheitsgrade«, sagte der Chef. Und meinte: selbstständiges Arbeiten, individuelles Zeitmanagement, auch gern eigene Regeln, solange der Umsatz stimmt. Bestes Beispiel dafür war Pentti Rantanen, der Geschäftsführer der Tochtergesellschaft in Finnland und Geschäftsbereichsleiter der

Würth-Gruppe. Bevor er seinen Job begann, holte er sich von den Künzelsauern Rat. »Er hat immer viele Fragen gestellt und wollte ganz genau wissen, wie es geht«, erinnerten sich seine Ratgeber. »Und dann hat er alles ganz anders organisiert.« Und damit die höchsten Umsätze pro Kopf der Bevölkerung gemacht. Natürlich hatte Reinhold Würth damit kein Problem, obwohl in der Regel seine Regeln als die besten galten. Denn eine dieser Regeln war auch: »Alles, was läuft, laufen lassen.« Schöner Satz. Und weil's so schön war, gleich noch ein Reinhold-Würth-Zitat zum Thema Führungskultur: »Organisation so viel wie nötig – Initiative, Kreativität, Flexibilität so viel wie möglich.«

Und natürlich bleibt bei alldem eine Position unumstößlich. Der Chef ist der Chef. Und der ließ sich jeden Morgen die Tagesumsätze sämtlicher Gesellschaften auf den Schreibtisch legen. Noch mal: jeden Morgen. Und wenn irgendwo die Zahlen niedriger waren als am gleichen Tag im Jahr zuvor, wurde der dafür verantwortliche Geschäftsführer angerufen, woraufhin der seine Verkaufsleitung anrief und die ihre Hauptverkäufer. Und wenn das alles über längere Zeit nicht fruchten wollte, schickte Reinhold Würth seine besten Leute aus Künzelsau ins Krisengebiet, für die man dort die Schreibtische räumen musste – so lange, bis der Laden wieder lief. »Ein Maximum an dezentralen Entfaltungsmöglichkeiten bei einem Maximum an finaler Macht« nannte Professor Tietz Reinhold Würths Erfolgsrezept. Und, ach ja, noch etwas geschah auf dem 1980er-Frühjahrskongress. Der Chef hatte wieder mal eine Vision.

»Vision heißt nichts anderes, als das bisher noch nicht Gedachte zu denken«, sagte Reinhold Würth einmal und war damit deutlich anderer Meinung als Helmut Schmidt, der Visionären den Gang zum Arzt empfahl.

Ein großes Thema. Wo wäre die Menschheit ohne ihre Visionäre? Hätte Herr Edison nie davon fantasiert, dass es auch möglich sein müsste, Licht anzuknipsen, wäre das nie passiert. Ein Herr Charles Bourseul, Telegraf von Beruf, wurde 1854 in Paris ausgelacht, weil er über eine Technik spekulierte, die man mittlerweile Telefon nennt. Selbst wenn Visionen danebengehen, ist das nicht immer verkehrt. Columbus vermutete hinter dem Horizont Indien und fand Amerika. Hatte jemand damit ein Problem außer den Indianern? Visionen sind der Turbo in der Evolution. Und wo springen sie an? Wo zündet man sie? Selten im Alltagsstress, dafür braucht es Auszeiten. Egal wo. Jesus visionierte in der Wüste, Buddha unter einem Bodhibaum, Gunter Sachs hatte, als er noch aktiver Unternehmer war, die besten Geschäftsideen am Korallenriff, von denen die allerbeste der Rückzug aus allen Geschäften war, und Reinhold Würth macht gerne lange Spaziergänge und Bergwanderungen, um auf die noch nie gedachten Gedanken zu kommen. Er schwimmt auch gern täglich. Nicht nur wegen der Erfrischung, auch wegen der für unsere Spezies untypischen Art vorwärtszukommen. Man bewegt sich auf dem Land nicht wie im Wasser. Nie. Das synchrone Schwingen von Armen und Beinen und der Atem wie ein Metronom, wie macht man das am Schreibtisch? Das macht man nicht mal beim Tanzen. Und weil Körper und Geist ständig miteinander kommunizieren, bringen andere Bewegungen auf andere Gedanken. So wird Brustschwimmen zur Business-Meditation.

Ein Jahresumsatz von einer Milliarde Mark zur Hälfte der neuen Dekade. Das war Reinhold Würths Vision

1980. Und wenn's geht, punktgenau zu seinem runden Geburtstag. Denn 1985 wurde er fünfzig. Sie schafften es. Elefanten machten Männchen, Tiger brüllten, Artisten warfen ihr Leben übers Trapez, denn der Zirkus Krone war mit Menschen, Tieren, Sensationen angereist und gab vier Sondervorstellungen zu Ehren der ersten Umsatz-Milliarde, zu Ehren des Geburtstagschefs, zu Ehren des hochverehrten Publikums, unter ihnen der Bundestagspräsident, der Bundeswirtschaftsminister und ein Staatsekretär der Landesregierung. Alles in allem kamen 5000 Mitarbeiter, Kunden und andere Kapitalisten, und 1000 davon gehörten zu den Auslandsgesellschaften. Das heißt, der halbe Globus feierte drei Tage lang nicht nur im Zirkus, sondern vor allem auch drum herum, mit Multimedia, einem Sinfonieorchester und Justus Frantz als Dirigenten sowie den ausgezeichneten Weinen der Region, und das hatte es hier so noch nicht gegeben.

Künzelsau als Nabel der Welt. Nichts gegen Künzelsau. Nichts gegen Mini-Urbanitäten, nichts gegen die Tiefen der Provinz. Auch das muss es geben in einer Schöpfung, in der es alles gibt, auch Söhne der Stadt, die nicht die Stadt sofort verlassen, wenn sie groß geworden sind. Die Zentrale des Weltkonzerns wird immer zwischen den grünen Hügeln Hohenlohes stehen. Ehre, wem Ehre gebührt. Bundestagspräsident Jenninger überreicht Reinhold Würth das Bundesverdienstkreuz, und als Dank für den tosenden Applaus seiner Mitarbeiter sagt der Chef: »Wir haben es gemeinsam bekommen.«

Das ist Führungskultur pur. Und die hundertprozentige Planerfüllung einer Vision. Die erste Milliarde Umsatz (DM) im Jahr. Aber wie das bei Reinhold Würth so ist: Nach der Vision ist vor der Vision. Bei der nächsten Vision ging es dann um die erste Umsatz-Milliarde Mark im Monat. Dafür mussten sie allerdings noch einiges tun, wie zum Beispiel Asien erobern, Australien, Neuseeland et cetera pp., und einen Glücksfall gab es auch. Der Kommunismus hatte verloren. Die Sowjetunion gab auf, der Eiserne Vorhang über Europa öffnete sich, eine famose Markterweiterung, die Schraubenhändler aus Künzelsau schwärmten gen Osten aus, bis weit über den Ural hinaus. Und natürlich hat Professor Tietz ein dickes Buch über die Chancen der Osterweiterung geschrieben, und natürlich hat Reinhold Würth sie genutzt.

Tietz sollte noch viele Spuren im Konzern hinterlassen, als Berater, als Spitzenmanager, seit 1975 als Gründungsbeiratsvorsitzender, und das nicht nur für Geld, denn er liebte die Zusammenarbeit mit Reinhold Würth. Sie waren vom selben Schlag, vom selben Geist, von derselben kreativen Unruhe getrieben, auch die Leidenschaft fürs Fliegen teilten sie. Aber entweder war der Professor kein so guter Pilot wie Reinhold Würth, oder es war einfach nur Pech, als er im Alter von 62 Jahren mit seiner Piper über dem Harz vom Radar verschwand und erst am nächsten Tag tot in den Trümmern der Maschine gefunden wurde.

Die Schutzengel

»Denn er befiehlt seinen Engeln, dich zu behüten auf all deinen Wegen.«

In einer Cessna F-172 E durch Wolken zu fliegen war zwar nicht dasselbe, wie auf dem Rücken einer Wildgans zu sitzen, aber etwas völlig anderes war es auch nicht. Trotzdem brauchte Reinhold Würth seinen Schutzengel nicht im ersten Flugzeug, das er als Pilot bediente, sondern in seinem dritten, einer Cessna 340. Das war ein anderes Fliegen. Es gab zwei Propeller statt einem und 370 statt 242 Stundenkilometer maximale Geschwindigkeit, außerdem flog sie mit einer Tankfüllung rund 1300 Kilometer weiter als seine alte Maschine. Und 4000 Meter höher. Das half, Zeit und Sprit sparen, denn je höher man fliegt, desto kürzer werden die Wege. Insgesamt 340 Exemplare wurden von ihr gebaut, davon stürzten sieben ab. Die erste beim Testflug des Protoyps, die anderen hier und da. Mal beim Durchstarten nach einem nicht ganz koscheren Landeanflug, mal in den Wolken. Dichte Wolken. Man sah die Hand vor Augen nicht, und plötzlich war eine Felswand da.

Reinhold Würth musste für seine Cessna 340 drei neue Scheine machen. Die Instrumentenflugberechtigung (IFR), das Allgemeine Sprechfunkzeugnis für den Flugfunkdienst (AZF) und die Commercial Pilot Licence

(CPL2), mit der man zweimotorige Maschinen steuern darf. Also, er konnte das. Und er hatte auch nicht grundsätzlich etwas gegen Wolken. Er sah ihre Schönheit wie ihre Gefahren. Manchmal bauten sich zwei Gewitterfronten voreinander auf, und der Raum dazwischen sah wie ein Wolkencanyon aus, manchmal sah er sie von oben wie eine durchgehende Zuckerdecke und suchte das Loch vom Dienst, manchmal fand er es, und manchmal gab's keins, wie in diesem Winter der Siebzigerjahre, als er von Skandinavien zurückgeflogen kam. Er erreichte den Luftraum über Schwäbisch Hall in tiefer Nacht und wurde vom Fluglotsen darauf aufmerksam gemacht, dass es bei ihnen da unten schneite und die Landebahn dementsprechend aussah. Und was die Wolkendecke anging: Sie würden ihn runtersprechen mit GCA (Ground Controlled Approach), sobald er drin sei. Runtersprechen ist Pilotendeutsch. Es bedeutet, dass per Funk permanent Kurs- und Höhenkorrekturen durchgegeben werden, Gleitwinkel, Geschwindigkeit et cetera pp., um mehr oder weniger blind die Landebahnmittellinie zu finden. Aber als er mit seiner Cessna 340 aus den Wolken herauskam, war er etwa 20 Meter zu weit links und zog es vor, einen »Missed Approach« hinzulegen, also durchstarten, Höhe gewinnen und wieder rein in die Wolken, um einen zweiten Versuch zu wagen. Was heißt wagen? Hatte er eine andere Wahl? Noch einmal ließ er sich runtersprechen und landete nun tadellos. Gespenstisch war nur der Anblick. Die Flugplatzfeuerwehr war ausgerückt, während er das zweite Mal in den Wolken kurvte, und ihre gelben Blitzlichter in der Dunkelheit und dem Schneetreiben machten deutlich, wie ernst die Lage gewesen war. Auch für Reinhold Würth schien nun der Fall klar. Er war zwar ohne Co-Pilot geflogen, trotzdem war einer da. Unsichtbar.

Wer an Gott glaubt, der glaubt auch an Schutzengel. Ob Juden, Christen, Moslems oder Buddhisten, alle glauben, dass Schutzengel von Gott gesandt werden, um denen zu helfen, die er liebt. Auch Reinhold Würth zweifelte nie an den himmlischen Wesen, schon mit neun Jahren sah er ihre Existenz als bewiesen an. Ein Jagdbomber der Alliierten hatte kurz vor Kriegsende die Straße in Künzelsau beschossen, auf der er gerade mit seinen Freunden Völkerball spielte. Ein Höllenlärm war es gewesen, und nachher hatte der Junge unversehrt zwischen Löchern gestanden, von denen jedes einen halben Meter Durchmesser hatte und keines weiter als zwei Meter von ihm entfernt in der Straße klaffte. Wie geht das ohne den Schutz der himmlischen Heerscharen? Nun, man könnte es auch Glück nennen, also die schöne Seite der Medaille Zufall. Aber Reinhold Würth ist sich da ziemlich sicher. Es war ein Engel. Und er sollte ihm noch einige Male beistehen und fast immer beim Fliegen. In der Cessna 340 zum Beispiel musste er gleich zweimal ran.

Reinhold Würth flog mit ihr von Island nach Grönland. Und Kulusuk war sein Ziel. Über dem Eismeer wurde er noch durch das Radar der US Air Force kontrolliert und hatte Funkkontakt, aber ab der Küste Grönlands war damit Schluss. Nun hatte er an navigatorischen Hilfen nur noch einen von Island-Air-Piloten zusammengemalten Automatic Direction Finder (ADF), und was er noch immer nicht hatte, war ein Co-Pilot aus Fleisch und Blut. Er bereute das langsam.

»Auf diesem Flug habe ich mich das einzige Mal in meiner Pilotenlaufbahn ganz allein gefühlt«, schrieb Reinhold Würth einmal. »Es war ein eigenartiger Zustand.«

Er wusste nichts über die Landebahn in Kulusuk.

War sie frei, war sie vereist? Und sollte sie vereist sein, gab es keinen Ausweichflugplatz. Wenn eine Landung in Kulusuk nicht möglich sein sollte, konnte er nicht nachtanken, und das Benzin würde nicht mehr für den Rückflug nach Island reichen. Und was dann? Notlandung auf dem ewigen Eis, irgendwo auf der größten Insel der Erde – und der kältesten? Mit seiner Familie? Denn obwohl er sich ganz allein fühlte, waren seine Frau und beide Töchter dabei. Der eigenartige Zustand des Reinhold Würth über Grönland war die Einsamkeit des Piloten, der allein fliegt und sich nach einem zweiten Mann an den Instrumenten sehnt. Und sie betraf die Verantwortung, die er trug. Grönland ist minimal besiedelt, und Straßen gibt es nur in den Städten. Deshalb reist man hier über Land nur mit Motor- oder Hundeschlitten, denn das Land ist in Wahrheit etwa 4000 Meter dickes Eis. Sollte er also Kulusuk nicht anfliegen können und würde ihm deshalb dann irgendwann der Sprit ausgehen, wäre da unten auch die Carmen-Würth-Notfall-Box für eine Notlandung im unwegsamen Gelände kein wirklicher Trost mehr. Denn wahrscheinlich kämen da eher hungrige Polarwölfe als brave Huskys mit ihren Schlitten vorbei. Und wieder waren sie in den Wolken, und wieder verlief alles tadellos, weil, wie Reinhold Würth es formulierte, »die Technik funktionierte und der Engelschutz gegeben war«.

Menschliche Wertarbeit plus göttliche Navigationshilfen brachten Reinhold Würth sicher nach oben, nach unten und ab durch die Mitte, aber alles in allem schob sein Schutzengel eine eher ruhige Kugel, es sei denn, die Summe seiner Hilfseinsätze entsprach einem Eisberg, von dem man ja auch nur die Spitze sieht. Denn nicht alle Probleme, in die man hineinzufliegen droht, sieht man. Und dann werden, so Gott will, halt die unsichtbaren Gefahren unsichtbar von dem Unsichtbaren diskret aus dem Weg geräumt.

Dazu gibt es eine schöne Geschichte. Ein Mann stirbt, und seine Seele trifft sich im Himmel mit seinem Schutzengel. Zusammen sehen sie sich noch mal seinen Lebensweg an – anhand der Fußabdrücke, die er hinterlassen hat. Manchmal sind es vier. »Da ging ich neben dir«, erklärt der Engel. Aber manchmal sind es auch nur zwei. »Und da hast du mich allein gelassen?«, fragt die Seele. »Nein«, antwortet der Schutzengel, »da habe ich dich getragen.«

Weil man aber nur Schutzengel-Einsätze, die man selbst mitbekommen hat, anständig beschreiben kann, ist die nächste Geschichte zum Thema hier auch die letzte. Die Ära der Kolbenmotor-Fliegerei bei Würth neigte sich mit den Siebzigerjahren ihrem Ende zu, in den Achtzigerjahren flog er die King Air Turbo-Prop-Maschinen der Firma Beechcraft. Das sind gutmütige und gleichzeitig sparsame Reisemaschinen, weil ihre von Turbinen angetriebenen Propeller weniger Sprit verbrauchen. Mit seiner ersten King Air flog Reinhold Würth gleich mal von Schwäbisch Hall zum Yellowstone-Nationalpark in Wyoming, USA. Hin und zurück waren das 44 Flugstunden insgesamt, und nichts ist passiert. Allerdings saß von nun an auch immer ein Co-Pilot aus Fleisch und Blut neben ihm. Sein Schutzengel hat es sich dabei die ganze Zeit irgendwo hinten bequem gemacht. Erst als Reinhold Würth auf Düsenjets umstieg, wurde der Engel vom Dienst noch mal aktiv.

1990 erwarb der Unternehmer seine erste Citation direkt bei der Firma Cessna in Wichita, Kansas. Dort brachte man ihm auch bei, wie man sie zu fliegen hat.

Als die Type-Rating-Ausbildung beendet war, überführte er sie nach Europa. Zwei Pratt-&-Whitney-Turbinen beschleunigten sie auf fast 800 Stundenkilometer, die Dienstgipfelhöhe war 13 716 Meter. Sein erster Flug mit seinem ersten Düsenjet verlief bis zur ersten Zwischenlandung in Neufundland/Kanada tadellos. Die Probleme fingen beim Runterkommen an. Wieder eine Schlechtwetterlage, wieder fette Wolken, wieder schneite es darunter. Die Wolkenobergrenze lag etwa bei 7000 Fuß, die Fluglotsen führten Reinhold Würth aber schon 20 Meilen vor dem Flughafen auf 5000 Fuß herunter. Sie flogen in eine dichte neufundländische Wolkendecke hinein, und ein Detail wurde zum Problem.

»Die Scheibenenteisung bei den Citations war von der Konstruktion her miserabel«, erinnert sich Reinhold Würth. »Es gab nur einen Heißluftbläser und als Backup eine Alkoholspray-Einrichtung. Wir hatten am Ende sicher drei Zentimeter oder mehr Eis auf den Scheiben, und als wir dann kurz vor der Landebahn aus den Wolken kamen, hatte ich nur noch links unten an der Scheibe einen vielleicht zwei Zentimeter hohen und zehn Zentimeter breiten Schlitz, durch den ich auf die verschneite Landebahn hinausschauen konnte.«

Kann man sich das bitte mal vorstellen? Ein schmaler Schlitz, zu dem man sich hinunterbeugen muss, während die Hände das Steuer halten. Bei Nacht, Wind und Schnee. In einem Düsenjet, den man zum ersten Mal fliegt. Das ist nicht dasselbe, wie durch einen schmalen Schlitz in der Frontscheibe des Opel Olympia zu spähen, mit dem er seinen Vater durch die Nachkriegswinter gefahren hat. Aber etwas völlig anderes ist es auch nicht. Der Rest ist Nervensache und Gottes Wille. Also keine Panik, es sind Engel an Bord.

Die Schwabenstreiche

Es war einmal ein Fliegerhorst bei Schwäbisch Hall. Die Luftwaffe der Wehrmacht nutzte ihn für allerlei. Hier wurde die Gleitbombe Henschel Hs 293 getestet, die ferngesteuerte Bombe Fritz-X, und die Firma Messerschmitt baute und testete den ersten Kampfjet der Welt. 350 Stück wurden fertiggestellt und an die Front überführt, bevor die Bomberverbände der Alliierten kamen und den Fliegerhorst plattmachten. Nach Kriegsende übernahmen ihn die Amerikaner und stationierten hier einen ihrer Artillerieverbände. Die Deutschen durften ihn erst ein Jahr später wieder nutzen. Für Modellflugzeuge. Fünf Jahre später wurde ihnen das Segelfliegen erlaubt und 1955 endlich wieder der Motorflug. Natürlich nicht für militärische Zwecke und auch erst mal nicht kommerziell, es war eine Hobbytruppe von Enthusiasten mit dem poetischen Namen »Flug- und Arbeitsgruppe Schwäbisch Hall«.

Als Reinhold Würth dort Mitte der Sechzigerjahre mit seiner ersten Cessna aufkreuzte, kreisten Black Hawks über ihm, denn die US Army nutzte den Platz mittlerweile für ihre Transporthubschrauber. Um seinen Wolkenhüpfer in diesem Umfeld stationieren zu können, beantragte er die Mitgliedschaft im Sportfliegerclub. Dort hatte man Bedenken. Man fürchtete, durch die Aufnahme des Unternehmers könnte der reine Flieger-Idealismus Schaden nehmen. Die Bedenken wurden schnell zerstreut. Erst wurde er Mitglied und dann Vorsitzender des Vereins, und schon bald wurde ein bisschen gebaut. Eine Halle für die Cessna hier, eine andere für die Piper da, und beide wurden mit den Maschinen der reinen Idealisten brüderlich geteilt, bis der Flugbetrieb bei Würth Ausmaße annahm, die nach einer eigenen Würth Flugzeughalle verlangten. Sie wurde von Würth Bau gebaut, einem Tochterunternehmen des Schraubengroßhandels. Wenn bei Würth Geld rausgeht, ist es schön, wenn es auch bei Würth wieder reinkommt, oder?

Geflogen wurde hier selbst in den Achtzigerjahren noch auf Sicht, denn eine klassische Instrumentenanflughilfe gab es nicht. Der ewigen Wolkenblindflug-Landerei überdrüssig, kaufte Reinhold Würth deshalb vom Flughafen Tempelhof Berlin ein gebrauchtes Instrumentenlandesystem für 40 000 Mark. Eine Galaxy-Transportmaschine brachte es von Berlin nach Frankfurt, ein Chinook-Helikopter nach Schwäbisch Hall. Dort geschah etwas Merkwürdiges. Reinhold Würth schenkte das System den Amerikanern. Einzige Bedingung: die gemeinsame Nutzung. Große Freude, große Verwirrung, großes bürokratisches Hin und Her, denn so eine Schenkung war unüblich. Durfte ein US-Stützpunkt ein privates, ziviles System betreiben? Die Frage erreichte irgendwann sogar das Pentagon und den damaligen US-Verteidigungsminister Caspar Weinberger, der die Erlaubnis zur Annahme des großzügigen Geschenks gab. So weit die guten Nachrichten, jetzt zu den noch besseren. Da den Amerikanern in Schwäbisch Hall nun das Instrumentenlandesystem gehörte, mussten sie auch dessen Installation übernehmen, die Vermessungen und Testreihen durch Jetstar-Strahlflugzeuge, und das alles kostete sie eine sechsstellige Summe. Reinhold Würth weiß, wie man spart, und man feierte den Schwabenstreich im »Weißen Propeller«. Das Clublokal des Sportfliegervereins steht gleich neben dem Würth Hangar, und es hat viele fröhliche Abende im Beisein des Ehepaars Würth gesehen. Nein, hier fürchtete niemand mehr die Kommerzialisierung des reinen Flieger-Idealismus durch den erfolgreichen Unternehmer. Im Gegenteil. »Geld ist nicht alles, aber ohne Geld ist alles nichts«, sagte Reinhold Würth gern, und mittlerweile sahen sie das ein.

Würth wuchs ja immer weiter. Durch die exakten Weichenstellungen und Reorganisationen des Konzerns in den Siebziger- und Achtzigerjahren lief die Schraube, wie es schien, wie von selbst. Was natürlich nicht stimmt, denn die Antriebskraft hinter den Schrauben ließ keinen Moment locker. Druckfaktor 1 blieb Druckfaktor 1. Als Reinhold Würth 1990 seinen ersten Düsenjet von Wichita nach Schwäbisch Hall überführte, machte das Unternehmen 2,4 Milliarden Mark Umsatz in 35 Ländern mit 10 000 Beschäftigten. Mehr Mitarbeiter bedeuten mehr Führungskräfte, mehr Manager bedeuten mehr Flüge. Und die Rechnung ist einfach. Wenn sie zum Beispiel in der finnischen Hightech-Metropole Oulu ihren Superstar, den dortigen Geschäftsführer Pentti Rantanen, besuchen wollten, brauchten sie mit Linienflügen rund 45 Stunden, weil die Anbindungen so unterirdisch schlecht waren. Mit der eigenen Citation ging das in 16 Stunden. Damit hatte man nicht nur zwei Übernachtungen gespart, sondern auch das, was so ein Manager den Konzern Stunde um Stunde kostet. Und fliegen mehrere von ihnen mit, rechnet sich die Anschaffung einer eigenen Flotte immer besser.

Wenn immer mehr Führungskräfte dazu führen, dass man immer mehr Flüge braucht, dann heißt das auch: immer mehr Flugzeuge, immer mehr Hallen, mehr Start- und Landebahnen, mehr Airport-Infrastruktur.

1992 begann das Munkeln über den Abzug der Amerikaner, und Reinhold Würth gründete noch im selben Jahr die Flugplatz Schwäbisch Hall GmbH, 90 Prozent der Anteile gehörten ihm, 10 Prozent der Bausparkasse. Als dann 1993 die US-Streitkräfte tatsächlich den Airport für immer verließen, gab es zwar im Stadtrat von Schwäbisch Hall unterschiedliche Meinungen, was mit dem Gelände geschehen sollte – der eine wollte ein Wohngebiet daraus machen, der andere dort Industrie ansiedeln –, aber Reinhold Würth ging vier Wochen lang a) von Pontius zu Pilatus und b) sogar bis Bonn, um die Bedenken des Bundesverkehrsministeriums, der Deutschen Flugsicherung, des Deutschen Wetterdienstes, des Luftfahrtbundesamtes und der Landesbehörden von Baden-Württemberg gegen die Weiterführung des Flughafens zu zerstreuen. Was folgte, war die Übernahme und Sanierung des Platzes durch die Flugplatz Schwäbisch Hall GmbH, und von diesem Zeitpunkt an gehörte das Ganze praktisch ihm. Reinhold Würth machte dann im Laufe der Jahre einen voll funktionsfähigen Regionalflughafen daraus, der den Namen seines Vaters trägt, 5000 Starts pro Jahr zählte und »Falcon«-tauglich war. Denn die nächste Generation der »Würth Aviation«-Maschinen brauchte immerhin Start- und Landebahnen von über eineinhalb Kilometer Länge. Dafür flog so eine Dassault Falcon 900 EX aber auch, ohne zwischenzutanken, mit 12 Passagieren 8797 Kilometer weit.

Und vorbei war natürlich auch die Zeit, in der seine Flugzeuge eine Kreisstraße überqueren mussten, um zu den Startbahnen zu gelangen. Solange die Amerikaner und ihre Helikopter-Einheiten auf dem Airport waren, standen die Würth Hallen und die des Flugsportvereins auf einem benachbarten Gelände. Und auch das sollte man sich mal vor Augen führen. Man kommt vielleicht nicht aus der Gegend, sondern von irgendwo zum ersten Mal über diese Kreisstraße nach Schwäbisch Hall mit dem Auto gefahren, und plötzlich sieht man vor sich einen Düsenjet über die Straße rollen. Was denkt man da? Wie Reinhold Würth die Bedenken der zuständigen Behörden in diesem Fall zu zerstreuen verstanden hatte, ist nicht bekannt. Sicher ist nur: Seinen Schutzengel brauchte er dafür nicht. Schwabenstreiche schaffte er alleine. Und weil's so schön war, berichten wir hier gleich von noch einem. Aber dann ist Schluss damit, versprochen.

Wenn die Schwaben von Portugal nach Hause flogen, gaben sie gern Nürnberg als Zielflughafen an, um den Sprit verzehrenden Sinkflug schon über dem Schweizer Luftraum zu vermeiden, der nötig gewesen wäre, um Schwäbisch Hall direkt anzufliegen. Schwäbisch Hall wurde nur als Ausweichflugplatz angegeben. Kurz vor der Heimat informierten sie dann die Flugsicherung darüber, dass man es sich anders überlegt habe und in Schwäbisch Hall landen wollte. Reinhold Würth: »Durch den späteren Sinkflug war es möglich, länger in den größeren Flughöhen zu bleiben, wodurch man Sprit sparen und das Geld zusammenhalten konnte.«

Das Schanghai-Testament

Reinhold Würth ist ein Mann, der gern zehn Jahre vorausschaut. Und zwanzig Jahre sind noch besser. Und wer vergisst, dass auch ein Konzernherr zu alt für den Konzern werden kann, reißt irgendwann mit dem Arsch wieder ein, was er mit den Händen aufgebaut hat. Altersstarrsinn. Wann setzt er ein? Mit siebzig, achtzig, neunzig? Wann verzweifeln auch die fähigsten Manager an der Unbeugsamkeit eines Patriarchen, der nicht mehr ganz dicht zu sein scheint? Und was kommt nach ihm? Die Sintflut?

Reinhold Würth schaute aus dem Peace-Hotel auf die Lichter von Schanghai und beschloss, noch in dieser Nacht sein Testament zu machen. Wichtig war, das ihm Wichtige sauber zu trennen. Er musste das Unternehmen von der Familie abkoppeln. Sein Werk von seinen Erben. Es gab zu viele Beispiele von Konzernen, die durch die Nachkommen ruiniert wurden. Wenn Ferraris öfter gewechselt werden als die Frisur, werden Unternehmen schnell zur Melkkuh für Leute, die nicht das Geringste mit dem Aufbau der Firma zu tun hatten.

Beispiele dafür gab es genug.

»Ob Daimler und Benz, Grundig oder Nixdorf – viele Firmen mit klangvollen Namen sind von anderen Unternehmen aufgekauft oder in Publikumsgesellschaften umgewandelt worden«, schrieb Reinhold Würth in seinem Buch *Erfolgsgeheimnis Führungskultur*. »Einige wenige Familienunternehmen wie etwa die Robert Bosch GmbH konnten sich vor Vereinnahmung und Untergang schützen.«

Gene werden vererbt, Erfolgsgeschichten nicht. Außerdem vererbt man sich in viele Richtungen. Nach zwei, drei Generationen können Familienstämme entstehen, die nicht immer friedlich miteinander umgehen. Es sei denn, man macht es so wie die Sultane des Osmanischen Reiches. Aber ihre Methoden waren ziemlich brutal. Stichwort: Prinzenmord. Nur den fähigsten ihrer Söhne ließ man am Leben, die anderen wurden mit der Seidenschnur erdrosselt, um Erbstreitigkeiten zu entgehen. Und der, der übrig blieb, wurde von frühester Kindheit an für die Übernahme der Macht ausgebildet. Professionell wie charakterlich – fast müsste man sagen: ganzheitlich. Das Studium der Primärwissenschaften wie Mathematik, Strategie und Philosophie, das Erlernen eines Handwerks, die Beherrschung eines Musikinstruments gehörten dazu und natürlich der Testlauf der Macht als Herrscher über eine Provinz. Und wenn dann der alte abdankt, ist der neue superfit. Die Osmanen kamen damit 500 Jahre gut voran, erst als im Topkapi-Palast der Harem die Macht übernahm, ging es mit dem Weltreich bergab.

Frauen. Auch ein besonderes Thema für Reinhold Würth. Er liebt seine Gattin, er liebt seine Töchter, er liebt seine Enkelinnen und Enkel. Und er liebt sie nicht nur, er weiß sie auch zu schätzen, er kennt ihren Anteil an seinem Erfolg. Carmen Würth hat ihm nicht nur den Rücken frei gehalten, indem sie sich mit demselben Einsatz, den er in seinen Geschäften pflegte, um die Familie, die Häuser und das Essen kümmerte. Vor allem kümmerte sie sich um sein Herz. *Narziss und Goldmund* von Hermann Hesse ist eines seiner Lieblingsbücher. Narziss ist der Denker. Goldmund der Künstler. Narziss ist der Nüchterne. Goldmund der Berauschte. Narziss ist der Asket, Goldmund hat beide Seiten seiner Lebenskerze gleichzeitig angezündet. Und natürlich liebt Reinhold Würth in Hesses Buch eher Goldmund, denn Narziss ist er selbst.

Das erklärt zum einen seine Leidenschaft für die Künste, zum anderen den Anteil seiner Frau an seinem Welterfolg. Wer rein rational tickt, hinkt emotional hinterher. Carmen Würth rief sein Herz wach, wenn sein Kopf die Liebe vergaß. Denn es stimmt zwar, dass »ohne Geld alles nichts ist«, wie er gerne sagt. Aber ihre Worte stimmen auch: »Wenn etwas ohne Liebe geschieht, fehlt was.«

Als Reinhold Würth in Schanghai sein Testament anging, sah er die Chance, dass ein Familienmitglied seine Nachfolge antreten würde, bei 1:100 000. Ausschließen wollte er dies aber auch nicht. Sollte sich ein oder auch eine Würth dafür qualifizieren, das Ruder im Konzern zu übernehmen, kann er (oder sie) das gerne tun. Es musste also eine Nachfolgeregelung her, die beides ermöglicht. Außerdem – und genauso zwingend – muss das Auskommen der Familie immer und, wenn es geht, ewig gesichert sein.

Schanghai? Warum kommt ein Mensch ausgerechnet in China auf so etwas und nicht in Honolulu, Mali oder Rüsselsheim? Weil die Chinesen immer den längsten Atem haben? In den größten Bögen denken? Und dem Alter einen Wert zuweisen, der dem Jugendwahn des Westens so fremd ist wie chinesische Schriftzeichen? Erst am Ende des Lebens zeigt sich, ob man ein Gewinner oder Verlierer ist. Es gab einmal ein Kamelrennen in Berlin. Die Saudis hatten ihre schnellsten Wüstenrenner an die Spree geflogen, und man sah sehr schön, wie es nicht geht. Ein Kamel lag Runde um Runde weit vorne, aber etwa zwei Meter vor der Zielgeraden blieb es plötzlich stehen, weil die grünen Blätter der Büsche neben der Rennbahn hier so lecker aussahen. Der Jockey konnte auf das Tier einschlagen, so viel er wollte, aber es nahm anscheinend davon keinerlei Notiz. Erst als alle anderen Kamele ins Ziel kamen, war es satt.

Nun könnte man fragen, was interessiert den Unternehmer noch an seinem Unternehmen, wenn er stirbt? Hat er zu Lebzeiten nicht genug davon profitiert? Fragt man das auch den Künstler? Den Eroberer? Den Erzeuger? Wenn ein Mensch sein Werk liebt, dann ist es sein Kind, und dann will er, dass es überlebt. Als Reinhold Würth sich 1985 in Schanghai über die Zukunft Gedanken machte, hatte sein Unternehmen knapp 6000 Mitarbeiter, aber er rechnete mit ein, dass sich diese Zahl mehr als verzehnfachen würde. Zählt man die Familien, die an seinen Leuten hängen, dazu, weiß man, dass er eine Großstadt ernährt. Soll man die ins Leere laufen lassen? Oder in die Messer der Unwägbarkeiten des Erbgangs?

Unten in der Peace-Bar spielte die Peace-Band Jazz aus den Zwanzigerjahren. Eine Combo alter Chinesen, die die Kulturrevolution überstanden hatten. Auch Schanghai fand zu seiner alten Größe zurück. Deshalb war Reinhold Würth ja da. Eine Würth Gesellschaft im Reich der Mitte stand an, aber in dieser Nacht dachte er weit über das Nächstliegende hinaus. Ganz leicht fiel es ihm nicht, denn das, worum es in seinem Testament ja vornehmlich ging, trug ein unschönes Wort.

Unschön? Das Glück der Geburt in einer milliardenschweren Wiege stellt sich auch für die Erben nicht selten als ein Fluch heraus. Wer sich jeden Traum erfüllen kann, hat bald keine mehr. Und denen, die für Erfolge nicht kämpfen mussten, mangelt es an Selbstbewusstsein. Die Liste todunglücklicher, schwacher, jedem Gegenwind, jeder Droge, jeder Dekadenz ausgesetzter Erben ist so lang wie die Forbes-Liste der reichsten Menschen der Welt.

Zu viel des Guten ist ungut, zu wenig auch. Angemessen ist das richtige Wort.

Reinhold Würth schrieb: »Wie groß oder klein der Anteil der Familie am Firmenvermögen künftig auch immer sein soll – die Ausschüttung an die Familie geht der Firma verloren.« Das darf nicht sein. Genauso wenig, wie es sein darf, dass man die Interessen der Familie nicht wahrt.

Ein Balanceakt, ein schwieriges Güterabwägen, denn Liebe war hier wie dort. Und Verantwortung auch.

»Die Regelung der Nachfolge halbherzig anzudenken ist so, als wäre man ein bisschen schwanger«, sagte sich Reinhold Würth. »Hier geht nur ein Entweder-oder, ein Ja oder Nein, also konsequentes Durchdenken bis zum Ende und anschließend kompromissloses Realisieren.«

Und als die lange Nacht in Schanghai zu Ende ging, hatte er Familie und Unternehmen getrennt. Das gesamte Betriebsvermögen wurde in vier Familienstiftungen eingebracht.

Reinhold Würth: »Ihre Organe sind Vorstand und Aufsichtsrat. Der Vorstand besteht aus drei Mitgliedern, der Aufsichtsrat aus fünf. Nach meinem Tod wird der letztere aus zwei Familienmitgliedern und drei Fremdaufsichtsräten bestehen. Die Familienaufsichtsräte werden intern gewählt, die Fremdaufsichtsräte sind von mir testamentarisch benannt und bestimmen ihre eigenen Nachfolger ohne Zutun und Einfluss der Familie. Somit werden die familienfremden Mitglieder im Aufsichtsrat nach meinem Ableben die Mehrheit und damit auch das Übergewicht haben, sodass sie den Kurs der Stiftungen bestimmen können, wobei sie satzungsgemäß dem Wohl der Familie Würth verpflichtet bleiben. Würde also einer der drei familienfremden Stiftungsräte in satzungswidriger Art und Weise gegen die Interessen meiner Familie verstoßen, könnte er gerichtlich zur Unterlassung und notfalls auch zum Rücktritt gezwungen werden. Insofern ist meine Familie abgesichert. Andererseits kann aber auch vonseiten der Familie Würth nichts wirklich Schädliches oder gar Verrücktes mehr passieren. Insofern ist auch das Unternehmen abgesichert.«

Und noch etwas: Der Chef wird sich zwar so in etwa zehn Jahren aus dem operativen Geschäft zurückziehen, aber bis zu seinem Tod das letzte Wort behalten. Alles klar? Und er machte es wahr. Knapp zehn Jahre nach Schanghai gab er am 1. Januar 1994 die Geschäftsleitung auf, um den Vorsitz des Unternehmensbeirats zu übernehmen. Das heißt, er gab die Arbeit ab und behielt die Kontrolle. Die Freiräume, die sich Reinhold Würth damit schuf, gedachte er allerdings nicht mit Golf oder Tennis auszufüllen, denn diese Sportarten hat er nie gemocht.

Der Professor

4. November 1999. Der Tulla-Hörsaal war »bumsvoll«, als Reinhold Würth seine Karriere als Professor begann. Die Universität Karlsruhe hatte ihn zum Inhaber des neu gegründeten Lehrstuhls für Entrepreneurship berufen, und das war seine Antrittsvorlesung. Ein großer Moment für alle Anwesenden, auch für ihn selbst. Als er mit vierzehn die Schule verlassen hatte, um bei seinem Vater in die Kaufmannslehre zu gehen, hätte es seine Mutter lieber gesehen, wenn er Lehrer geworden wäre. Mit 64 Jahren erfüllte Reinhold Würth ihr diesen Wunsch endlich. Darauf konnte er stolz sein. Und er war es auch, man sah es ihm an. Kein eitler Stolz, nur pure Freude, genauer gesagt: Erzählfreude. Er referierte etwa vierzig Minuten lang und schaute dabei vielleicht zwei- oder dreimal aufs Papier. Er redete frei, auch mit den Händen, seine Augen lachten, und sein Anzug war der Hammer. Dem Anlass entsprechend schlichtes professorales Grau, nur die Passform kündete von der Klasse des Dreiteilers. Dazu ein rosa Einstecktuch in der Brusttasche und über allem Caesarenlocken in Silbergrau. Es sprach ein gut gelaunter Mann auf der Höhe seiner geistigen Potenz, dessen Fachwissen sich aus exzellenten Quellen speiste. Fünf Jahrzehnte Berufserfahrung als Unternehmer. 30000 Mit-

arbeiter, 7,5 Milliarden Mark Umsatz in diesem Jahr. Es sprach der pure Erfolg. Zu Leuten, die lernen wollten, wie Erfolg geht. Eine archaische Kombination und die logische nächste Stufe in der Persönlichkeitsentwicklung von Reinhold Würth. Wissen weitergeben. Das Honorar für seine Lehrtätigkeiten, das gab er gerne zu, interessierte ihn bei alldem nicht so sehr. »Denn wenn es mal über eine Milliarde hinausgegangen ist, meine Damen und Herren, ist das keine quantifizierbare Größe mehr.«

Die Witze eines jeden Vortragenden brechen das Eis für die ernsten Themen, die da sind: Steuer, Clausewitz und Chaostheorie. Zur Steuer erzählte Reinhold Würth von einer Werbeveranstaltung für Hohenlohe, die er schon vor zwanzig Jahren mit dem damaligen Wirtschaftsminister von Baden-Württemberg in Brüssel gab.

»*Wir haben in Brüssel eine tolle Landesvertretung und haben wundervolle Bilder vom Bodensee, von der Landeshauptstadt und vom Schwarzwald gezeigt, und wir haben die Vorteile unseres Landes in den hellsten Farben und höchsten Tönen gepriesen* – dramaturgische Pause –, *aber in der anschließenden Diskussion stand ein Japaner auf und sagte: ›Das ist alles schön und gut, der Freizeitwert, die Infrastruktur, die Universitätslandschaft, die Straßen und die Telekommunikation, aber wie ist es denn mit Ihrer Steuersituation?‹*«

Und da mussten die Herren aus Baden-Württemberg zugeben, dass sie beschissen war. Und mittlerweile noch beschissener geworden ist.

»*Sie müssen wissen, dass die britische Regierung vor wenigen Tagen die Körperschaftsteuer und die Einkommensteuer für Neugründungen auf 10 Pro-*

zent gesenkt hat. Und bei uns überlegt man, ob man sie auf 35 oder 40 Prozent erhöhen soll. Meine Damen und Herren, welch ein Wahnsinn!«

Professor Reinhold Würth hatte sich am Morgen für die Vorlesung mit dem Rädle frisch gemacht, ist ein bisschen durch Hohenlohe gefahren, am Talgrund entlang, nach Weißbach, und es war kalt gewesen, mit Raureif am Nordhang. Sein gut durchblutetes, sauerstoffverwöhntes Gehirn konnte deshalb mit den Themen und Thesen im Hörsaal in fast artistischer Manier jonglieren. Aber bei den Steuern schien er den Ball verloren zu haben, oder besser den roten Faden, was er auch zugab. Und natürlich kann es auch sein, dass er nur so tat, als hätte er den Faden verloren, weil er ihn nicht weiter spinnen wollte, um nicht zu negativ zu referieren. »Nein, ich glaube, wir sind eigentlich auf einem guten Weg, und die Steuerreform wird kommen«, sagte Professor Würth noch etwas zögerlich, um im nächsten Satz wieder Vitalität, Selbstbewusstsein und Optimismus auszustrahlen: »Und wir können, was wir wollen, wenn man uns lässt.«

Entrepreneurship, man muss es noch mal erklären, ist die Wissenschaft, die lehrt, was der Mensch braucht, um Unternehmer zu werden, zu sein und zu bleiben. Und es ist ein Wort, dessen Hauptbestandteil aus dem Französischen kommt. Im 17. Jahrhundert hatte man es zum ersten Mal für die Führer von Militäroperationen benutzt. Und schon ist Professor Würth bei seinem Clausewitz.

»Ein Theoretiker, er hat nicht einen Krieg geführt, nicht eine Schlacht befehligt, gleichwohl ist sein Standardwerk Vom Kriege *Basislektüre in allen Militärakademien der Welt. Ich selbst habe von Carl von Clausewitz viel gelernt.«*

Professor Würths Hände erzählen synchron zu seinen Worten. Bei »Basislektüre« breitet er sie aus, um Grundlegendes zu umfassen, bei »viel gelernt« wirft er den Zeigefinger in die Höhe. Und das alles mit dem Schwung des frühen Radlers. Was er gelernt hat und wie dabei Wissenschaft und Praxis »ganz eng zusammengehen«, will er nun mit einem »kleinen Beispiel« kurz zusammenfassen.

»Der Clausewitz schreibt in seinem 14. Absatz des 16. Kapitels sinngemäß: Wenn du eine Reichsfestung verteidigen musst, dann mach das weit draußen im unwegsamen Gelände, um die Kernkräfte der Reichsfestung so lange wie möglich zu schonen. Bis dann irgendwann Entsatz kommt und der Belagerungsring aufgebrochen werden kann. Das hat mir eingeleuchtet«.

Nun zur Praxis. Nun zu Würth. Nun zur Reichsfestung des Unternehmens. In seinem Konzern setzt man traditionell auf den Handwerkermarkt. Das hat schon sein Vater initiiert, und es hat sich bis heute bewährt.

»Wenn also die Handwerker unsere besten Kunden sind, wenn wir da gutes Geld verdienen, wenn wir auf dem Handwerksmarkt weltweit weiter steigende Umsätze machen, dann ist das unsere Reichsfestung. Und dann habe ich mich gefragt, wie halten wir die Konkurrenz, wie halten wir den Wettbewerb von diesem Markt weg? Und die Antwort war: Wir verteidigen sie weit draußen im unwegsamen Gelände. Wir gründen eine Division Industrie, die sich mit der Belieferung der Großindustrie beschäftigt, mit Produzenten, die 100 000 Schrauben oder eine Million und mehr auf einmal brauchen. Dort sind die Preise so kaputt, dass man fast überhaupt nichts verdienen kann. Und was haben wir gemacht?

Wir schmeißen da Billigpreise rein, dass es nur so kracht. Wir beschäftigen die Konkurrenz mit der Frage, was der Würth da eigentlich macht und tut und will. Das ist Clausewitz in Reinkultur. Wir halten die Konkurrenz in diesem Feld so sehr auf Trab, dass sie gar nicht auf die Idee kommt, in den Handwerkermarkt hineinzugehen. So, meine Damen und Herren, habe ich das gelernt.«

Der Hörsaal lacht. Der Professor auch. Aber leise, man hört es kaum, man sieht das Lachen nur in seinen Augen und an den Mundwinkeln, die sich ständig höher nach oben ziehen wollen, als er es ihnen erlauben möchte. Sein Lachen kommt von innen. Und von außen. Das ist nun mal die Magie der Bühne. Wer es schafft, sein Publikum zu fesseln, bekommt dessen geballte Konzentration als Energie zurück, und dann beginnt die Sache Spaß zu machen. Da ist sie wieder, die hobbyhafte Einstellung zum Beruf. Reinhold Würth wurde nicht nur Professor, um der gesamtgesellschaftlichen Verantwortung des Unternehmers gerecht zu werden, und auch nicht nur, um seiner Mutter Wunsch zu erfüllen, er wurde nicht mal nur Professor, um in seiner Biografie eine Lücke zu füllen oder um zu beweisen, dass man einen Schulabbrecher durchaus auf einen akademischen Lehrstuhl setzen kann – nein, der Konzernherr wurde Professor, weil es ihm so gefiel.

Und, auch das sei gesagt, weil die Chaostheorie mit von der Partie war.

»Meine Damen und Herren, ich habe mich in meinem Berufsleben immer mal wieder gern mit der Chaostheorie beschäftigt. Es kommt mir so vor, dass selbst die Wissenschaft vom Wetter, also die Meteorologie, sehr viel mit den Lebensäußerungen eines Unternehmens zu tun hat. Denn es gibt ja

diesen Meteorologen Lorenz, der da sagt: Es kann theoretisch sein, dass der Flügelschlag eines Schmetterlings in Brasilien zu einem Hurrikan in Hongkong führt. Der beweist das auch, und das finde ich geradezu gespenstisch.«

Der Professor legt bei diesen Worten seine Hände wie bei einem Gebet zusammen, seine Fingerspitzen berühren das Kinn.

»Lorenz hatte mit Computerprogrammen immer wieder versucht, Wetterprognosen zu verbessern. Dabei ist dann oft die 4. oder 5. Stelle hinter dem Komma marginal verändert worden, und als er das wieder durch den Computer gejagt hat, kam eine komplett andere Wetterprognose für den übernächsten Tag heraus als vorher. Das mag gespenstisch klingen, ist aber empirisch-wissenschaftlich nachgewiesen, und wenn das beim Wetter so ist, meine Damen und Herren, dann ist das in einem Unternehmen überhaupt nicht anders.«

Deshalb sei es schon wichtig, jungen Menschen verständlich zu machen, dass der Erfolg eines Unternehmens von unendlich vielen kleinen Einflüssen abhängt, die man bis zum Ende vielleicht nie zu Gesicht bekommt.

»Da hat irgendwo im Hinterzimmer ein wohlwollender Bekannter, ein wohlwollender Geschäftsfreund einen Kommentar gegeben bei irgendeinem Banker. Er hat ihn vielleicht umgestimmt, ohne dass man davon irgendwie erfahren hat. Ich selbst habe das in jungen Jahren oft erlebt. In den Sechzigerjahren, als das Unternehmen so explosionsartig gewachsen ist und ich, ob ich es wollte oder nicht, meine Bankkredite immer wieder überzogen habe, da rief mich eines Tages der Chef der Volksbank von Künzelsau an und sagte: ›Sie, was glauben Sie

[1] Adolf Würth mit seinem Sohn Reinhold beim Waldspaziergang (um 1953).

[2] Blick auf das historische Künzelsau mit Schlossmühle und Nebengebäuden.

[3] Gebäudekomplex der Künzelsauer Schlossmühle (ca. 1970).

[4] Adolf Würth (1909–1954).

[5] Alma Würth (1913–2006).

[6] Schloss Hermersberg, Wohnsitz von Carmen und Reinhold Würth.

7] Adolf, Alma und Klaus-Frieder Würth vor dem 1951 erworbenen ersten Würth Firmenfahrzeug, einem Opel Olympia, Baujahr 1936.

[8] Familie Adolf Würth (um 1950).

[9] Reinhold Würth (etwa 1949).

[10] Packen eines Wagens für die Versendung von Waren am Firmengebäude in der Künzelsauer Bahnhofstraße.

11] Das 1952 erbaute, erste eigene Firmengebäude in der Künzelsauer ;ahnhofstraße (um 1960).

[12] Reinhold Würth mit seinen Hauptverkäufern Otto Hempel, Hans Hügel und Artur Herold (1958).

[13] Erster Messeauftritt 1967 auf der IAA: Hermine Künast, Reinhold Würth und Hans Hügel.

[14] Das 1969 bezogene erste Verwaltungsgebäude in Gaisbach (1971).

[15] Schraubenproduktion von SWG (1972).

[16] Schraubenproduktion von SWG (1972).

[17] Hans Hügel im Einsatz (um 1960).

[18] Vor einem Flug mit Carmen Würth (1966/1967).

[19] Reinhold Würth im Cockpit.

[20] Professor Bruno Tietz.

[21] Zurück zu den Anfängen: aus Anlass seines Ausscheidens aus der Geschäftsleitung zog Reinhold Würth 1993 mit Weggefährten noch einmal mit dem Leiterwagen durch Künzelsau, wie als kleiner Bub fast 50 Jahre zuvor.

[22] Reinhold Würth mit Nelson Mandela in London (2000).

23] Reinhold Würth mit dem Dalai Lama bei dessen Besuch in Gaisbach 1999).

[24] Reinhold Würth am Rande des Festakts zu seinem 80. Geburtstag im Gespräch mit Frank-Walter Steinmeier (2015).

[25] Reinhold Würth mit Hans Magnus Enzensberger und Günter Grass (2006).

[26] Reinhold Würth mit Johannes Freyer (Präsident der Jeunesses Musicales Deutschland) und Mitgliedern des STEGREIF.orchesters bei der Verleihung des Würth-Preises der Jeunesses Musicales Deutschland (2018).

[27] Gerhard Schröder, Werner Spies, Reinhold Würth, Thaddaeus Ropac und Georg Baselitz bei dessen Ausstellungseröffnung »Georg Baselitz ↑ Top«, in der Kunsthalle Würth, Schwäbisch Hall, 2008.

[28] Der Campus der Adolf Würth GmbH & Co. KG in Künzelsau-Gaisbach (2018).

[29] Die »Vibrant Curiosity«.

denn, ich lasse mir doch nicht von Ihnen meine Pension kaputt machen. Wenn Sie noch einmal überziehen, dann sperre ich Ihnen alle Kredite.‹ Meine Damen und Herren, eine kleine Stellschraube. Hätte der Mann, der mich gut leiden konnte, nicht auch in den Monaten danach immer wieder ein Auge zugedrückt, dann wäre ich vielleicht heute nicht hier, und das Unternehmen Würth würde vielleicht gar nicht mehr existieren.«

Langsam wird klar, warum der Mann seine Vorlesung nicht ablesen muss. Es steckt alles in ihm. Alles, was er sagt, weiß er, und alles, was er weiß, hat er selbst erfahren. Die Kompetenz dieses Professors ist die Wissenschaft des Lebens. Er hätte auch Philosoph werden können oder Schriftsteller. Und die Chaostheorie wird gerade sein Lieblingsthema. Darüber spricht er noch länger als über die Steuer.

»Mein Großvater war ein Landwirt. Und der liest im Jahr 1913 eine Anzeige in einer Zeitung, dass in Kupferzell ein ›Stift‹ gesucht wird, ein Lehrling. Er ist mit meinem Vater Adolf nach Kupferzell gereist, deshalb wurde mein Vater dort bei der Firma Reisser angenommen. Er hat dort seine Lehre gemacht und 25 Jahre für das Unternehmen gearbeitet, bevor er die eigene Firma gründete, die ich dann übernahm. Hätte nun mein Großvater an diesem Tag zufällig, weil ein Gewitter aufzog, herausgemusst, um sein Heu einzuholen, und hätte er deshalb die Zeitung an diesem Tag nicht gelesen, dann wäre mein Leben (er wirft die Hände zu beiden Seiten in den Raum) komplett anders verlaufen, meine Damen und Herren.«

So viel zur Chaostheorie. Und was er damit sagen will: Denkt nach vorne. Macht euch Karrierepläne für die nächsten zehn Jahre. Achtet auf jede Kleinigkeit, und wiegt euch nie in Sicherheit, weil ihr glaubt, euer Unternehmen sei gesund. Seine Ärzte hätten dazu einen schönen Spruch parat, und Professor Reinhold Würth zitiert ihn mit großer Geste: »Es gibt keine Gesunden. Es gibt nur nicht Untersuchte.«

Wieder ist das Lachen im Hörsaal auf seiner Seite, und wieder bricht es das Eis für Ermahnungen, die man nicht unbedingt immer und immer wieder hören will, aber es muss nun mal sein. Denn anders geht Erfolg nicht. Und er sagt es fast wie ein Gedicht.

»Wenn wir nicht freundlich sind,
wenn wir nicht zuvorkommend sind,
wenn wir nicht schnell sind,
wenn wir nicht Topqualität liefern,
wenn wir nicht preiswürdig sind,
geht der nächste Auftrag
irgendwoanders hin. «

Als Reinhold Würth das Rednerpult verlässt, schaut er bescheiden nach unten, aber in seinen Augen strahlt der Triumph. Es war nicht sein erster Vortrag, nicht sein erstes Referat. Seit vielen Jahren galt er als begehrter Redner in den Seminaren der Privatwirtschaft. Erfolg war sein Professorat. Aber nun redete er als Hochschullehrer in der hehren Aula der Wissenschaft. Der Oberschulabgänger und blutjunge Chef der glorreichen Sieben, die mit allen und mitunter verwegenen Mitteln in den Fünfzigerjahren den Markt erstürmten, ist ein Honoratior geworden, was seinem Unternehmen, seinem Berufsstand und ihm selbst natürlich auch alle Ehre macht. Und damit stieg er in eine interessante Liga auf.

Die Mächtigen und die Weisen

21. Juni 1999. Der Dalai Lama wurde mit der Falcon von Köln Bonn eingeflogen. Eine Polizeieskorte brachte ihn zur Konzernzentrale. Reinhold Würth begrüßte Seine Heiligkeit und führte ihn ein bisschen durch das neue Verwaltungsgebäude. Es muss dem Oberhaupt der Buddhisten gefallen haben, denn es ist lichtdurchflutet und von beschwingter Architektur. Die weite Empfangshalle, das große Glasdach, die offenen Relings und Gangways zwischen den Abteilungen sollen an einen Ozeandampfer erinnern und die Weltoffenheit des Konzerns signalisieren. Und schöne Künste überall. Im integrierten Museum, aber auch in den Fluren, auf dem Vorplatz, ganz egal wohin man schaut, dokumentieren Exponate aus der Sammlung des Unternehmens den Gleichklang von Kunst und Kommerz. Dem Dalai Lama gefiel das, klar, aber als sie das Gebäude durch den Hinterausgang verließen, um zum Vertriebszentrum hinüberzugehen, kamen sie an einem Müllcontainer vorbei, und jetzt sprang das Interesse seiner Heiligkeit noch lebhafter an. Wie sie den Müll trennen, wollte er wissen, und wie sie ihn entsorgen. Im Vertriebszentrum verabschiedete sich Reinhold Würth fürs Erste und ging zurück in sein Büro, um mit einem seiner Geschäftsführer zu reden.

Die Unterhaltung mit dem Manager, dessen Erfolge gerade nicht so überwältigend waren, verlief sehr angenehm und freundschaftlich. Reinhold Würth mahnte ganz massiv messbare Resultate an; darüber hinaus freuten sich beide darauf, in Kürze gemeinsam mit den anderen Mitgliedern der Geschäftsleitung eine Wanderung zu unternehmen.

Seine Heiligkeit sah der Unternehmer während der Pressekonferenz im Demosaal der Zentrale wieder. Es waren 25 Journalisten gekommen, und Reinhold Würth fühlte sich versucht zu fragen, wieso bei seinen Bilanz-Pressekonferenzen eine deutlich schlechtere Präsenz der Medien zu beklagen ist. Aber er ließ es sein. War das schon der Einfluss des Dalai Lama? Das Oberhaupt der Buddhisten hatte während des Rundgangs den Konzernherrn immer wieder fast zärtlich an die Hand genommen, so als ob er in der fremden Umgebung Schutz suchte, und mittlerweile war Reinhold Würth von dem fröhlichen, offenen Gemüt seines Gastes schwer berührt.

Seinen Vortrag hielt der Dalai Lama dann in dem großen Alma-Würth-Saal der Zentrale, den das Unternehmen nach der Mutter von Reinhold Würth benannt hatte. Jetzt gefiel dem Unternehmer die Verträglichkeit von Charisma und Botschaft bei Seiner Heiligkeit. Der Buddhist sprach von seinen christlichen Brüdern und Schwestern. Seine Toleranz, die jedem Menschen eine eigene Religion zubilligt, empfand Reinhold Würth als »eindeutig sympathisch«. Der Dalai Lama sprach natürlich auch über Ethik und Ökonomie, und er machte keinen Hehl daraus, dass er politisch eher links tickt. Gegen das gleiche Verteilen der Güter sei nichts zu sagen, in der Sowjetunion wie in China sei nicht der Kommunismus das Problem, sondern der Totalitarismus, also die Unterdrückung des Menschen. Und? Hat denn niemand den Dalai Lama danach gefragt, warum es bis dato nirgendwo auf der Welt einen Kommunismus ohne Totalitarismus gab? Das weiß Reinhold Würth inzwischen nicht mehr. Gut erinnert er sich aber noch daran, was man nach dem Vortrag gegessen hat: »Der Dalai Lama aß einen Himbeer- und einen Käsesahnekuchen, ich einen Erdbeerkuchen. Seine Heiligkeit nahm Tee, ich trank einen Kaffee.«

Mittwoch, 28. Juni 2000. Um 7.40 Uhr fuhr Reinhold Würth mit seiner Tochter Marion zum Flughafen Schwäbisch Hall. Der Himmel war wolkenlos, und der Konzernherr freute sich auf diesen schönen Tag. Gleichzeitig empfand er Wehmut bei dem Gedanken, was er alles anderes machen könnte, als auf dem Rücksitz einer Limousine Post zu diktieren. Er hat in dieser Saison erst ein Mal auf seiner Harley Davidson gesessen. Er diktierte bis kurz vor dem Flieger.

Um 8.28 Uhr lässt Reinhold Würth die Triebwerke der Falcon an, um 9.40 Uhr Ortszeit landet er auf dem Biggin Hill Airport in London, einem kleinen Regionalflugplatz, 18 Kilometer von der Innenstadt entfernt. Der Würth Bezirksleiter für London und ein Helikopter erwarten sie. Mit dem Hubschrauber folgten sie dem Lauf der Themse am Millenniumsdom und am Buckingham-Palast vorbei bis zur nächsten Würth Limousine, einem Saab. Um 10 Uhr betraten sie das Dorchester Hotel, bezogen ein Tageszimmer und warteten auf Nelson Mandela, der verspätet aus Südafrika eingetroffen war.

Für Reinhold Würth war Nelson Mandela der größte lebende Mensch überhaupt. 27 Jahre von seinen politischen Gegnern ins Gefängnis gesteckt zu werden und sich dann, als er die Macht dafür hatte, nicht an ihnen rächen zu wollen, imponierte dem Konzernherrn mehr als jede andere große Tat großer Menschen unserer Zeit. Um 12.10 Uhr war es so weit. Reinhold Würth stand gerührt vor dem Überwinder der Apartheid, einem aufrechten, fast schlanken Mann, dem niemand seine mehr als achtzig Jahre ansah. »Er war unglaublich gut gebrieft«, erinnert sich Reinhold Würth. »Er wusste sogar von meinem Sohn Markus und fragte, wie es ihm gehe.«

Ein nettes Gespräch über Helmut Kohls Spendenaffäre und die Bekämpfung der Korruption in Südafrika schloss sich an. Nelson Mandela gab dazu durchaus salomonische Kommentare. Helmut Kohl habe sicherlich das Geld nicht für sich selbst genommen, deshalb sei er froh, dass das Verfahren gegen ihn keine strafrechtlichen Folgen habe. Und was seine Heimat angehe, versicherte Afrikas größter Held, dass man dort auch Schwarze ins Gefängnis werfe, wenn sie korrupt seien. Nelson Mandela trug ein weites, mit afrikanischen Motiven bedrucktes Hemd, Reinhold Würth einen dreiteiligen Anzug mit Krawatte und passendem Einstecktuch, nur ihre Haarfarbe ähnelte sich: das Silbergrau der Elder Statesmen.

Um 14.15 Uhr war Reinhold Würth mit seiner Tochter wieder in der Limousine, ein paar Takte später stiegen sie bei laufenden Rotoren in ihren Helikopter, um 17.06 Uhr warf der Konzernherr die Falcon an, um 18.09 Uhr waren sie in Schwäbisch Hall, um 20.15 Uhr nahm Reinhold Würth an einer Veranstaltung für die Eltern seiner Lehrlinge teil, auf der er gegen seinen alten Wegbegleiter Hermann Leiser zu einem Pakete-Wettpacken antrat, so wie sie es vor vierzig Jahren gemacht hatten, oder vor fünfzig. Wellpappe, Packpapier, Schnur.

Und wer gewann? »Leiser war vor mir fertig, aber mein Paket sah viel besser aus.« Reinhold Würth verlor in Schönheit.

Sonntag, 29. Juli 2001. Reinhold Würth hatte seiner Mutter versprochen, vor dem Flug nach Rom noch geschwind bei ihr vorbeizukommen. Er traf sie im Garten an. Die 88-Jährige hatte es sich auf ihrem Liegestuhl unter dem Sonnenschirm bequem gemacht. Sie plauderten zwanzig Minuten ganz nett, dann holte ihn seine Frau ab, und man begab sich zum Flugplatz Schwäbisch Hall.

Sie nahmen die Cessna 560 Citation Ultra. Sie wurde erstmals 1994 gebaut und galt dann ein paar Jahre als bester Businessjet der Welt. Die Probleme ihrer Vorgänger mit der Scheibenvereisung waren behoben, neue Triebwerke, bessere Elektronik plus gutes Wetter ermöglichten den klassischen Sonntagsflug ohne jede Probleme, was dazu führte, dass Reinhold Würth zwischendurch die *Welt am Sonntag* studierte. Aus einer Spalte des Ätna war Lava ausgetreten, Bulgarien hatte den ehemaligen Zaren Simeon II. zum Ministerpräsidenten gewählt, und in der Abschlusserklärung des Weltwirtschaftsgipfels in Genua gab man sich der Hoffnung hin, dass die Armut der Welt beendet werden könne, wenn der globale Handel weniger eingeschränkt würde. Zur Landung legte Reinhold Würth die Zeitung aus der Hand.

Die Chefs von Würth Italien holten sie am Flughafen ab. Man fuhr nach Grottaferrata in die Villa Grazioli. Ein Schwabe aus Augsburg begrüßte sie. In dieser Villa, sagte er, sei während des Zweiten Weltkriegs der Generalfeldmarschall Kesselring untergebracht gewesen, dann habe man sie vierzig Jahre lang verkommen lassen und erst vor Kurzem wieder restauriert und ein Hotel daraus gemacht. Es gab einen Willkommens-Aperitif, aber Reinhold Würth wollte ein kaltes Bier. Mit dem trat er auf den Balkon heraus, und alle wussten, was nun passiert: Er wird noch vor dem Besuch beim Papst irgendetwas besichtigen wollen.

Reinhold Würth wäre nicht nur als Philosoph vorstellbar, auch die Arbeit als Historiker hätte ihm sicherlich Spaß gemacht. Geschichte ist eines seiner Hobbys. Er sieht sich einfach alles an. Carmen Würth blieb im Hotel, ihr Mann brach zur Abtei des heiligen Nilus auf. Ein großer Asket und gebildeter Theologe in Personalunion um 1004 nach Christus. Reinhold Würth besichtigte den 2000 Jahre alten Untergeschossgang, die Basilika und den Kreuzgang im Klosterhof, der leider mit einem Verschlag etwas verschandelt war. Vor einigen Jahren nun schon hatten sich die Reiseführer darüber beklagt, dass das Museum der Abtei immer zu kalt sei. Die Sache wurde italienisch angegangen. Für eine Fußbodenheizung wurden Schächte und Kanäle ausgehoben, dann ging das Geld aus. Seitdem stehen die Museumsexponate verpackt im Kreuzgang.

Zurück im Hotel. Carmen Würth hat sich schick gemacht, Reinhold Würth macht dasselbe. Der schwarze Anzug muss ran, die gelb gepunktete Krawatte, heute treffen sie nicht irgendeinen, sondern das Oberhaupt der Christenheit. Und nun auf nach Castel Gandolfo. Auf dem großen Platz vor der päpstlichen Residenz war viel los, weil die Römer es hier oben generell ein bisschen luftiger haben als unten in der Stadt. Die Würths bekamen ihre Eintrittskarten für das Konzert, das die Philharmonie der Nationen unter der Leitung von Justus Frantz zu Ehren des Papstes geben wird, und zusätzlich zwei Anstecker, die jeder bekam, der vom Papst mit Handschlag begrüßt werden soll. Carmen und Reinhold Würth hatten die Nummer 8 und 9. Dann gingen sie noch schnell zur Seeseite hinüber. Der Ort Castel Gandolfo liegt etwa 150 Höhenmeter über dem Kratersee. Unten waren Boote unterwegs und ein Wasserflugzeug. Es flog an der Kraterkante entlang und dann hinunter zum See, wo es schwimmend weitermachte, während der Fahrt Lösch- und Trinkwasser aufnahm, und zack, stieg es wieder auf, um aus dem Krater hinauszufliegen. »Das würde mich auch reizen«, sagte Reinhold Würth zu seiner Frau. »Das ist sicher eine anspruchsvolle Fliegerei.«

Um 19.15 Uhr begann der Einlass. Zwei Schweizergardisten standen mit ihren Hellebarden am Eingang und kontrollierten die Gäste, der Innenhof war mit großen Leinensegeln überspannt. Das Orchester saß in der Mitte mit Blickrichtung zum Haupteingang, und da war auch Justus, endlich, Justus Frantz, ein langjähriger Freund. Reinhold Würth hatte ihn schon in jungen Jahren, als Justus noch ein gänzlich unbekannter Pianist war, zu seinen Konzerten gefahren, und mittlerweile gab er pro Jahr mindestens eine Million für ihn aus. So viel und mehr kostete die »Philharmonie der Nationen«, in der Palästinenser neben Israelis und Serben neben Kroaten spielen. Justus Frantz hatte sie gegründet, Reinhold Würth unterstützte sie. Rechts und links waren die Gästeplätze mit Blick auf das Orchester aufgebaut, ganz rechts stand der Sessel des Papstes.

Die Haupttore wurden geschlossen, Papst Paul II. kam, die Musik hob an. Justus Frantz spielte ein Klavierkonzert von Tschaikowsky mit seinem Sohn Christopher Tainton. »Christopher hackte anfangs einmal daneben«, erinnert sich Reinhold Würth, »aber ansonsten war es natürlich eine wunderbare Aufführung.« Man klatschte, und alle schrien Bravo.

Dann waren die mit den Nummern dran. Das Ehepaar Würth reihte sich neben Innenminister Schily in die Schlange ein. Papst und Konzernherr gaben sich die Hand, schauten sich in die Augen, teilten einen Augenblick ihrer Lebenszeit. Ein so großer wie kurzer Moment, Zeit, um den Papst zu fragen, ob auch er die Lockerungen des globalen Handels für ein geeignetes Mittel für den Sieg über die Armut hält, blieb nicht. Wenn man ihn überhaupt so etwas fragen wollte, denn die Antwort hatte er oft gegeben. Armut besiegt man durch Gerechtigkeit, und für die braucht man Liebe. Das hat der polnische Pontifex zwar nicht wörtlich so gesagt, aber inhaltlich war es die Dauerschleife seiner Botschaft.

Nachdem sich der Papst mit einem »Gute Nacht« verabschiedet hatte, sah Reinhold Würth zu, dass auch er von dannen kam, denn nach einem Small Talk mit den 60 bis 70 Justus-Fans war ihm jetzt nicht. Eher ein gutes Essen, ein guter Wein im Castel Vecchio, dann ab ins Hotel. Sie hatten Zimmer 206 und vom Balkon einen spektakulären Ausblick. Vor ihnen lag der ganze See in seinem Krater und auf der anderen Seite Castel Gandolfo, mit dem Papst in seinem Bett. Dahinter die Lichter der Ebene um Rom. »Es ist einfach unglaublich schön«, sagte Reinhold Würth zu seiner Frau Carmen. »Fast so schön wie im Nord-Oman, wo wir morgens aufwachten und eine Mondlandschaft vor uns hatten.«

Dienstag, 11. Juni 2002. Reinhold Würth konnte ausschlafen, und bei ihm heißt das, er stand erst um 7.45 Uhr auf, schaute n-tv und ging dann mit seiner Frau frühstücken. Ein Taxi brachte sie vom Hotel nach Schwanenwerder, um den Stand der Bauarbeiten für das Würth Haus in Berlin zu inspizieren. »Haus« ist ein bisschen untertrieben. »Das wird schon eine recht große Kiste«, sagte Reinhold Würth zu Carmen, als sie angekommen waren. Sie schauten sich zuerst die Gartenanlagen an. Man hatte unten am See schon Rollrasen ausgelegt und am Nordwestende des, na sagen wir ruhig Parks eine ganze Menge Rhododendron gepflanzt. Steinmetze arbeiteten an der südöstlichen Treppenmauer.

Die »recht große Kiste« wird, wenn sie fertig ist, die Repräsentanz des Konzerns in der Hauptstadt sein, der Treffpunkt von Politik, Wirtschaft, Kunst und Medien. Und wenn Reinhold Würth in der Stadt ist, wird er da auch wohnen. Aber nun auf zum Bundeskanzleramt!

Im Bundeskanzleramt musste Reinhold Würth ein bisschen warten, denn der luxemburgische Ministerpräsident war zu Besuch, aber das störte ihn nicht sonderlich, denn prinzipiell war alles gut. Der Euro war da, und im letzten Jahr hatte der Konzern davon 5,35 Milliarden umgesetzt, der neue Würth Hangar mit angeschlossenem Terminal für die allgemeine Luftfahrt stand in Schwäbisch Hall vor der Fertigstellung, außerdem war er nun schon seit drei Jahren Gastprofessor an der Universität Karlsruhe.

Der Bundeskanzler kam nach dreißig Minuten. Er führte das Ehepaar Würth und deren Berlin-Repräsentanten Manfred Kurz in sein Büro. Ein schöner Raum, wie Reinhold Würth befand, mit direktem Blick zum Reichstagsgebäude. In einer Nische standen ein paar Bilder, darunter eine Fotografie seiner Frau und ein prachtvolles Gemälde von Otto von Bismarck im Halbprofil.

»Warum hängen Sie den Eisernen Kanzler nicht auf?«, fragte Reinhold Würth.

»Das traue ich mich hier nicht«, antwortete Gerhard Schröder.

Man nahm Platz und plauderte über dies und das, und dabei fiel Reinhold Würth auf, dass die Skulptur von Willy Brandt wie hingeklebt am Rand des Fensters stand. »In aller Bescheidenheit, Herr Bundeskanzler, aber der Willy Brandt gehört eigentlich mit einem Drittel in die Scheibenfront hinein«, sagte er, und Schröder stand auf, schnappte sich den Sockel und zog mithilfe des Würth Repräsentanten in Berlin die Heiligenfigur der SPD genau dorthin, wo Reinhold Würth sie haben wollte. Der Kanzler erklärte, dass Willy Brandt dort schon mal gestanden habe, aber dann sei jemand gekommen, der meinte, er gehöre weiter nach links.

Nachdem Brandt wieder im Goldenen Schnitt stand, ging man hinaus auf die Terrassen, um rundum zu schauen, auch gen Westen, wo der Kanzlersteg über die Spree zum Helikopterlandeplatz hinübergeht. Die Sonne schien durch die Wolkenlandschaften über dem Häusermeer Berlins, und drüben im Osten bekreuzten ihre Strahlen den Fernsehturm.

Good News in Indien

5. März 2005. Reinhold Würth flog die Falcon über Ungarn, Rumänien, Bulgarien und die Türkei in Richtung Bahrain. Man könnte auch sagen, er flog über seine Gesellschaften hinweg. Seit dem Ende der UdSSR hatte der Konzern quasi ganz Osteuropa inklusive Russland erobert, und die Türkei war seit 1989 höchst erfolgreich dabei – was nicht verwundert, wenn man weiß, was da alles zusammengeschraubt wird. Auch als sie über Jordanien und Saudi-Arabien waren, arbeiteten 13 000 Meter unter ihm seine Leute im »eifrigen Normalbetrieb« und mit dem allseits beliebten Druckfaktor 1. Mittlerweile hatte Reinhold Würth seinem Co-Piloten das Steuer überlassen und korrigierte seine Tagebuchaufzeichnungen. Mit ihm flogen seine Frau und ein paar Führungskräfte, darunter Hans Sigrist, der Verkäufer-Haudegen aus den Pioniertagen. Er war längst zum Spitzenmanager aufgestiegen und hatte für den Konzern die Schweiz, Griechenland, Südostasien, Australien, Neuseeland und Indien klargemacht. Deshalb war er dabei. Man war auf dem Weg zu den Gesellschaften in Bombay, Kalkutta und Chennai. Danach war ein Kurzurlaub in Goa eingeplant.

Zwischenlandung in Bahrain, Nachtanken, Kaffee und Kekse im Terminal und fast ein kleiner Streit. Beim

Start von der Startbahn 30 R stellte Reinhold Würth fest, dass der Haupttank der Falcon wieder nur zur Hälfte nachgefüllt worden war. Aber nach Mumbai reicht's. Ein fabelhafter Rückenwind mit 80 bis 100 Knoten sorgte dafür, dass sie schon nach drei Stunden den Lichterkegel der Stadt am Horizont des Nachthimmels sahen. Die Kommunikation mit den Fluglotsen verlief hoch professionell, nur das Englisch der Inder machte Reinhold Würth zu schaffen. Sie benutzen dieselben Wörter und dieselbe Grammatik, aber sie machen daraus trotzdem eine irgendwie andere Sprache. Das ist mehr als ein Dialekt, das ist kulturelle Übernahme. Sie haben die Engländer besiegt und rausgeworfen, aber ihre Sprache behalten. Und mit der machen sie halt, was sie wollen. Um 21.01 Uhr lokaler Zeit landete Reinhold Würth trotzdem ganz fein auf Landebahn 27.

Indien hat von den Engländern nicht nur die Sprache behalten, sondern auch die Eisenbahn und die Bürokratie. Anspruchsvolle Einreiseformalitäten kosteten eine Stunde und zehn Minuten wertvoller Zeit, dann war man aus den Stresszonen des Staats heraus, und die Würth Welt stand wieder parat. Der Geschäftsführer der Gesellschaft in Mumbai, Herr Sudeep Basu, sowie die Herren Trivedi jun. und sen. begrüßten den Chef mit mehreren Limousinen im Schlepptau. Limousinen hin, Limousinen her, was zählt, ist der Verkehr. In Mumbai. Sie brauchten nochmals eine Stunde bis zum Tadsch Mahal Palace Hotel.

Das Tadsch gehört zu den berühmtesten Luxushotels der Welt. 1905 von einem reichen Inder gebaut, der sich mal sehr darüber geärgert hatte, dass vor einem danebengelegenen Hotel ein Schild hing, auf dem »Für Hunde und Inder verboten« stand. Also baute er diesen 5-Sterne-Palast. Aber als der Architekt sein fertiges

Werk sah, stellte er fest, dass sein Hotel, wenn man den Lauf der Sonne bedenkt, zu 180 Grad verkehrt herum stand. Er nahm sich das Leben. Trotzdem fand Reinhold Würth das Tadsch Mahal Palace Hotel innen ganz schön. Es erinnerte ihn an das Maksoud Plaza in São Paulo und an das Hyatt in Budapest. Lange Gänge und große Innenhöfe, um die sich die Zimmer gruppieren. Außerdem trug er seit ein paar Minuten eine Blumengirlande.

In den drei Tagen, die sie in Mumbai verweilten, hielt Reinhold Würth neben seinen touristischen Aktivitäten drei Vorträge. Einen in der Wirtschaftswissenschaftlichen Fakultät der Uni Mumbai, einen in der Deutsch-Indischen Handelskammer und den letzten in seiner Gesellschaft. Der rote Teppich war ausgelegt, die Würth Fahne hing im dritten Stock, eine wunderschöne Inderin saß an der Rezeption, zwei andere, auch wunderschön, tupften ihm rote Punkte auf die Stirn, und wieder lief der Konzernherr mit Blumengirlanden herum und fand sie ganz schön schwer. Erleichternd dann die Zahlen. Der Umsatz von Würth Mumbai sei in den letzten vier Jahren steil aufwärtsgegangen, man habe mittlerweile 100 Verkäufer, und der Beste von ihnen habe erst neulich 36 Aufträge an nur einem Tag gemacht. »Dann muss ich die Firmengeschichte umschreiben«, sagte Reinhold Würth. »Meines Wissens lag der bisherige Rekord im Konzern bei 34.«

Große Würth Feier im Hotel The Leela. Die Verkäufer kamen von überall aus Maharajastan, ja sogar von Goa, einige von ihnen waren über acht Stunden mit dem Zug angereist. Und hatten ihre Frauen mitgebracht. Das ist normal. Das gehört zum Standard-Repertoire der Unternehmenskultur des Konzerns. Hinter jedem guten Verkäufer steht eine leidensfähige

Frau. Die ihren Mann nicht oft sieht. Darum sind sie bei allen Festen dabei. Aber dass auch alle ihre Kinder mitbringen, teilweise ganz kleine, das ist nur in Indien der Fall. Ein richtiges Familienfest. Es wurde gegessen, getrunken, gesungen, getrommelt, gegeigt und getanzt, und ähnlich ausgelassen ging es dann während des Rückwegs zum Hotel wieder auf den Straßen zu. Wie bei der englischen Sprache gibt es auch für den Linksverkehr eine indische Version. Links und rechts spielen darin keine Rolle mehr. Stop and go? Hier nennt man es Flow. Sie mogeln sich durch, sie wischen hinein, und Hupen gilt nicht als Aggression, sondern als Kommunikation. Irgendwie müssen es die anderen ja mitkriegen, dass man da ist und jeden Vorteil zu nutzen gedenkt. Reinhold Würth fand es einfach wunderbar.

Wunderbar war es auch in Kalkutta. Wieder Blumengirlanden, schon im Flughafen, wieder wurde sein drittes Auge mit einem roten Punkt auf der Stirn markiert, wieder rollten sie in Limousinen durch den mittlerweile geschätzten indischen Straßenverkehr, hier allerdings mit zwei Motorrädern voran, auf deren Kotflügeln Würth Fähnchen wie Standarten befestigt waren. Es gab auch Esel, angebunden am Straßenrand, die Würth Fähnchen trugen. Reinhold Würth hatte das Logo des Konzerns in den Fünfzigerjahren mithilfe eines Grafikers entworfen. Oben ein Zylinderkopf, unten ein Rundkopf, die so zueinander stehen, dass ein Schild daraus wird. Ein Wirtschaftswappen aus Hohenlohe. Er hat es schon überall auf der Welt gesehen, aber noch nie an Eseln. Und auch noch nie als Mandala auf Marmorböden ausgelegt, wie in der Gesellschaft Würth Kalkutta. Das schafft nur Indien. Schrauben zu Blüten zu machen und umgekehrt.

Heiße Tage in Kalkutta. Sie verliefen ähnlich wie die

heißen Tage in Mumbai. Wieder galt es, guten Zahlen zu applaudieren, denn man hatte ihm 140 Prozent Planerfüllung präsentiert, wieder wurden Vorträge gehalten und Besichtigungstouren absolviert, und wieder waren die Wege zu alldem hin und natürlich auch die Wege von alldem wieder fort definitiv das Spannendste für Reinhold Würth. Ein Abendprogramm war etwas außerhalb von Kalkutta organisiert. Erst fuhren die Würth Limousinen noch über eine sechsspurige Autobahn, die sich jedoch bald in nichts auflöste. Dann ging es durch die Dunkelheit. Schwärme von Radfahrern und Rikschas waren ohne Licht unterwegs. Klapprige Lastwagen und Busse kamen ihnen entgegen, alle überladen und alle mit überhöhter Geschwindigkeit, die Straße war mit Schlaglöchern übersät, heilige Kühe dösten auf der Fahrbahn.

Sie kamen durch viele Dörfer. Links und rechts wurde in den Shops gehämmert, genäht, Chai gekocht, alles offen zur Straße hin. Überall häuften sich Stapel mit neuen Ziegeln. Kalkutta dehnt sich zum Land hin gen Osten aus, und es werden ohne Ende neue Häuser gebaut, ohne dass man auch nur einen Hauch von Rücksicht auf die Infrastruktur nimmt. Reinhold Würth erklärte seinem indischen Geschäftsführer, dass selbst die sechsspurige Autobahn, die man zu bauen begonnen hat, viel zu kleinkariert gedacht sei. Zehn Spuren seien das Mindeste, weil in 10 oder 15 Jahren hier alles bis in den letzten Winkel zugebaut sei. Der Inder stimmte zu.

Und wieder wurden am Ende der schlechten Straßen Blumengirlanden umgehängt und hochranginge Würden- und Funktionsträger der Deutsch-Indischen Handelskammer begrüßt, darunter ein früherer Justizminister und der deutsche Generalkonsul nebst Gattin und einer Dame aus Kuala Lumpur. Wieder tanzten die Sari-Mädchen, wieder wurde gesungen, wieder wehten die Würth Fähnchen im warmen Wind der Tropen. Aber am nächsten Tag begann es zu regnen. Das sei ganz ungewöhnlich für diese Zeit am Golf von Bengalen, erklärte man ihm. Reinhold Würth hatte gerade in der Acadamy of Fine Arts zwölf Bilder von Künstlern aus Mumbai sehr billig eingekauft, als es zu blitzen und zu donnern begann. Dann piepte sein Handy. Einer seiner Enkel hatte ihm eine SMS geschickt.

»Lieber Opa, kannst noch was essen, bist bei der Forbes-Liste mit 7,2 Milliarden Dollar weltweit an die 55. Stelle gerückt, letztes Jahr Rang 103. Hab dich ganz arg lieb, Opi.«

Und Reinhold Würth ging ein bisschen in den Regen hinaus.

Bettina übernimmt

Im März 2006 gab Reinhold Würth den Vorsitz des Beirats ab, und seine Tochter Bettina übernahm ihn. Damit erfüllte sich die Nachfolgereglung, die ihr Vater fast zwanzig Jahre vorher festgeschrieben hatte. Familienmitglieder haben kein angeborenes Recht darauf, das Unternehmen zu führen, aber wenn sie sich dafür qualifizieren, können sie das gerne tun. Und was war die Überraschung daran? Na ja, der Konzern war nicht gerade für ein Matriarchat bekannt. In Reinhold Würths Weltbild beherrschte die Frau die eine Hälfte des Daseins und der Mann die andere. Die Familie war weiblich, die Finanzierung männlich. Das Heim war ihr Revier, die Firma seins. Ihr oblag die Liebe. Ihm der Kampf. Das Clausewitz-Business. In den Schützengräben der Wirtschaft sah Professor Würth das weibliche Geschlecht im Allgemeinen, aber auch was seine Familie anging, nicht gut aufgehoben. Was hat ihn zum Umdenken bewogen?

Bettina war ehrgeizig. Sie kletterte die Karriereleiter bei Würth Stufe um Stufe nach oben. Sie entwickelte eine Durchsetzungskraft, die er von sich selbst kannte, sie verband die Direktheit ihrer Mutter mit der emotionalen Intelligenz ihres Geschlechts. »Frauen führen vernetzter«, sagte sie einmal. Und meint damit: Frauen haben nicht den Tunnelblick der Männer. Sie lassen in der absoluten Fokussierung auf das Ziel links und rechts nicht alles liegen und müssen deshalb auch später nicht die Scherben wegfegen. Harmonie. Darauf verstehen sie sich einfach besser.

Und nach und nach sah ihr Vater das ein. Bettina führte Abteilungen, Bettina führte Divisionen, Bettina führte Auslandsgesellschaften. Und 2006 war es so weit: Die Tochter des Patriarchen übernahm.

Ging Reinhold Würth in Pension? Wenn man über siebzig Jahre alt geworden ist und davon über fünfzig gearbeitet hat, kann man sich das schon mal überlegen. Theoretisch. Aber praktisch hatte er dafür wie immer zu viel zu tun. Er flog wie immer durch alle Welt, besuchte wie immer Gesellschaften und »ließ Dampf hinein«, wie er den Druckfaktor 1 gern nannte, auch repräsentierte er den Konzern wie immer, aber er mischte sich nicht mehr ganz so viel wie sonst ein. Dafür machte er weiter als Kunstsammler, Sponsor und Mäzen. Und er kaufte eine Jacht.

Bad News in Berlin

14. September 2006. Der Tag hatte so schön begonnen, denn mittlerweile wachte Reinhold Würth in Berlin nicht mehr im Hotel auf, sondern in seiner »ziemlich großen Kiste« in Schwanenwerder und sah auf den Wannsee hinaus. Auf die Boote, die Ufer, die Terrassen vor dem Würth Haus Berlin. Seit 2003 war hier alles fertig, trotzdem war er selten da. Warum, ist ihm ein Rätsel. Das Anwesen ist wunderbar. Das Haupthaus ist groß, repräsentativ und trotzdem von einer mediterranen Leichtigkeit, die sich elegant in die kultivierte Natur der Insel einpasst. Der Garten ein Traum. Und das tropische Gewächshaus mit den Palmen und dem permanenten tropischen Klima ist ideal für kleine Fluchten. Das Grundstück hat Platz genug für viele Welten. Unten, direkt am Wasser, gibt es noch ein kleines Seehäuschen mit Terrasse. Bei gutem Wetter ist es der beste Platz für einen Tee am See.

Und was die Kunst angeht: Da sind Immendorff, Bohatsch, Lüpertz und, und, und … Für jeden Raum, für jede Terrasse, für jede Gartenwelt das Passende. Und im kleinen Konferenzraum hängt ein Berlin-Panorama von Christopher Lehmpfuhl. Wer es sieht, liebt Berlin sofort.

Und was gab es zu tun? Es ging um einen 30 Hektar

großen Industriepark, den Würth nordöstlich von Peking aufbauen wollte, um dort Schrauben zu produzieren. Und zwar ausschließlich für den dortigen Markt. Chinesische Schrauben für China. Alle Beteiligten fanden das eine gute Idee. Würth wusste um den Bedarf eines 2-Milliarden-Volkes an Schrauben, und dessen Ministerpräsident wusste, dass der deutsche Unternehmer großzügig investiert und 3000 Arbeiter dauerhaft beschäftigen wird. Deshalb musste Professor Reinhold Würth in spätestens einer Stunde wieder ins Kanzleramt, aber erst einmal ließ er das Frühstück auf die Terrasse bringen, um mit seiner Frau ein bisschen den Anblick der Morgensonne auf dem Wasser zu genießen. Und dann, gegen 10 Uhr, rief seine Tochter Bettina an. Neunzig Steuerfahnder seien in der Konzernzentrale und nähmen das ganze Haus auseinander.

Die dreizehnte Prüfung. Bei den zwölf davor gab es niemals Beanstandungen und Probleme – und wenn doch, dann waren es keine, die nicht ausgeräumt werden konnten. Fast hundert Mann drehten nun jedes wichtige Papier um, filzten jeden wichtigen Computer, beschlagnahmten dies, beschlagnahmten das, sie beschlagnahmten sogar die Tagebuchauszüge von Reinhold Würth. Ein einmaliger Vorgang in der 60-jährigen Geschichte des Unternehmens, ein nie gehörter Verdacht. Steuerhinterziehung in Millionenhöhe.

Zur Debatte standen die Geldflüsse innerhalb des international operierenden Konzerns. Zur Würth-Gruppe gehörten weltweit inzwischen 300 Gesellschaften, und was in diesem Netz untereinander verrechnet wurde und in welchem Land das versteuert werden musste, ist ein kompliziertes Geschäft. Sollte da was schiefgelaufen sein, dann im schlimmsten Fall aus Nachlässigkeit, aber nicht mit Absicht. Würth ging es zu gut für Steuerbetrug, und er war auch nicht gierig. Er hatte zwar nie einen Hehl daraus gemacht, dass er die Steuern in Deutschland als zu hoch empfand, ungerecht und für das Wirtschaftswachstum des Landes gefährlich, aber er würde nie Gesetze brechen oder betrügen. Vermeiden schon, aber Steuervermeidung ist kein Verbrechen. Sondern gutes Recht eines jeden. Wer zum Beispiel sein Auto und die Kosten dafür zum Teil von der Steuer absetzt, weil er es auch beruflich nutzt, ist ein Steuervermeider.

Gegen 11 Uhr fuhr Reinhold Würth ins Kanzleramt. Die chinesische, die europäische und die deutsche Flagge wehten, fünfzig Fernsehkameras und hundert Journalisten warteten, auch der Chef von BASF und Manager von Degussa waren da. Die Unternehmer wurden streng nach Alphabet in einer Reihe aufgestellt, deshalb war Reinhold Würth der Letzte, der seinen Vertrag mit den Chinesen unterzeichnete.

Shakehands mit dem mächtigsten Mann von China, Shakehands mit der mächtigsten Frau der Welt, Shakehands auch mit Außenminister Steinmeier, der sich nach dem Befinden von Reinhold Würth erkundigte. Nun, was sollte der Professor darauf sagen? Schlecht gefrühstückt? Sein Tag war definitiv gelaufen. Und die nächsten Tage auch.

»Ich kann nur den Kopf schütteln«, notierte er in seinem Tagebuch, das er nur noch widerstrebend führte, weil er nun wusste, wie schnell man so etwas beschlagnahmen kann. Trotzdem gab er das Tagebuch nie auf. »Wenn man bedenkt, dass ich jährlich 10 Millionen Euro für Spenden und Sponsoring ausgebe, Zehntausende von Arbeitsplätzen geschaffen habe und wir gerade ein Investitionsprogramm für tausend Niederlassungen in Deutschland mit einer Investitionssumme von über 200 Millionen Euro planen, dann ist dieses ganze Ding so furchtbar unverhältnismäßig, zumal ich gar nie einen einzigen Cent Schwarzgeld hatte.«

Am Ende akzeptierte er ohne Prozess einen Strafbefehl über 3,5 Millionen Euro.

Und Markus?

Und Markus? Man weiß es nicht. Er kann nicht sprechen. Kann er verstehen? Die Mutter sagt, ja. Was versteht er? Carmen Würth ist fest davon überzeugt, dass Liebe die vollkommene Kommunikation ist. Wenn das Schicksal einem Kind so einen Schlag versetzt, müssen die Menschen ihm nicht auch noch auf die andere Wange schlagen. Ihn meiden. Ihn verstoßen. Ihm mit jeder Geste zeigen, dass er weniger wert ist als die Normalen. Gehört Mitleid zu diesen Gesten? Schwer zu sagen. Mitleid kann enorm deprimierend sein. Mitgefühl ist besser. Wie ist es, wenn der Geist in einer Behinderung gefangen ist? Ist es die Seele dann auch? Und gibt es wirklich keinen Weg heraus? Alles Fragen, auf die Carmen Würth von den Kinderärzten, zu denen sie ihren Sohn brachte, keine Antworten bekam. Fünf Jahre lang. Dann hörte sie im Bayerischen Rundfunk die Worte, auf die sie gewartet hatte.

»*In der frühen Kindheit besteht eine einzigartige Chance, Kinder mit angeborenen oder früh erworbenen Schädigungen vor dem Schicksal des lebenslangen Behindertseins zu bewahren.*«

Vielleicht war Carmen Würth gerade dabei zu kochen, vielleicht hat sie die Betten gemacht, vielleicht saß sie im Auto, aber was auch immer es war oder gewesen sein könnte, das sie tat, bevor sie das Radio angeschaltet hatte, interessiert jetzt nicht mehr.

»Entwicklungs-Rehabilitation bedeutet Früherkennung, Frühbehandlung und frühe soziale Eingliederung. Die Eltern sind in der Früherkennung eines Entwicklungsrückstands, gleich welcher Art, allen Profis, einschließlich Ärzten und Psychologen, überlegen. Sie sind auch die besten Therapeuten.«

Wer war das? Wer rettete sie da gerade? Carmen Würth hält das Wort nicht für übertrieben. »Professor Hellbrügge war meine Rettung«, sagt sie über den Kinderarzt aus München.

»Die verschiedensten Fachkräfte haben unter der Koordination eines Kinderarztes die Aufgabe, die Eltern in kleinen Schritten durch ein für sie überschaubares Programm der Frühbehandlung so anzuleiten, dass sie es zu Hause durchführen können. Jede Absonderung verstärkt Behinderung.«

Als Carmen Würth das Radio abgestellt hatte, machte sie sich auf nach München. Dort hatte Professor Hellbrügge einen Kindergarten und eine Schule gegründet, in der Behinderte mit Nichtbehinderten spielten und lernten, denn er war davon überzeugt, dass so die Sozial- und Sprachentwicklung auf beiden Seiten gefördert wird. Außerdem war er ein Anhänger der Montessori-Pädagogik. Maria Montessori. Italienische Ärztin, 1870 geboren, 1952 gestorben, aber noch heute tragen auf der ganzen Welt Kindergärten und Schulen ihren Namen. Sie erziehen junge Menschen nicht für die Anforderungen eines Systems, sondern für die der Selbstfindung. Wenige Zwänge, wenige Regeln, die über die Zehn Gebote hinausgehen.

Mit dem Rückenwind aus München schafften es die Würths, ihren Sohn zu Hause in der Familie aufwachsen zu lassen, in ihrem Kreis und ihren Kreisen, sie nahmen ihn überall mit hin, versteckten ihn nicht, und wie ihr Mann sich in die Wirtschaftswissenschaften zu stürzen begann, so eignete sich Carmen Würth das Wissen an, mit dem sie Markus helfen konnte. Psychologie, Soziologie, Therapie, auch Philosophie sowie alles über die Motorik, sie las, was sie darüber finden konnte, und wurde zur autodidaktischen Expertin. Aber all das reichte nicht mehr, als Markus langsam erwachsen wurde. Jetzt brauchte er eine Aufgabe. Und seine eigene Welt.

234 Kilometer von Künzelsau entfernt, fand Carmen Würth das Passende. Das Hofgut Sassen, in der Nähe von Fulda, wirkt wie ein kleines Dorf, in dem zwei Dinge ungewöhnlich waren: Erstens: Menschen mit und ohne Behinderung lebten und arbeiteten zusammen, so selbstversorgend, wie es geht. Und zweitens: Es gab keine rechten Winkel. Die »Lebensgemeinschaft e. V.« war ein Verein der Anthroposophen. Man muss weder die Eurythmie mögen noch an die spirituellen Visionen von Rudolf Steiner glauben, um ihn zu loben. »Aus seinen Ideen ist immer etwas Positives hervorgegangen. Immer etwas, was für die Gesellschaft fruchtbar geworden ist.« So sagte es Otto Schily, Rechtsanwalt, SPD-Politiker, Innenminister. Und auf den Punkt brachte es *Die Zeit*: »Rudolf Steiner ist der einzige Idealist, der den Praxistest überlebt hat.« Was beide meinen: Die anthroposophischen Kindergärten, Schulen, Altersheime, Krankenhäuser, Bio-Bauernhöfe und Therapie-Einrichtungen funktionieren. In Sassen leben über 200 Menschen mit Behinderungen in 24 Großfamilien, mit 12 Betreuern pro Fachwerkhaus. Es gibt einen Chor, ein Orchester, eine Theatergruppe und jede Menge Arbeitsplätze für die Bewohner. In den Werk-

stätten, in der Küche, im Stall. Markus wurde Gärtner. Er kümmerte sich um das Gemüse für die Dorfgemeinschaft. Und immer wenn die Kirchenglocken läuteten, war es Zeit, zum Essen zu gehen. Das machte ihn glücklich, und er trug seine grüne Schürze mit Stolz. Er wurde gebraucht, er wurde akzeptiert – und er wurde entführt. Als er bereits knapp über fünfzig war und sein Vater elffacher Milliardär.

Ein Novum in der Kriminalgeschichte Deutschlands. Noch nie vorher hatte man einen Menschen mit Behinderung entführt. Darum war es so einfach. Und auch, weil Markus so gutmütig und vertrauensselig war. Der Entführer kam vorbei, als die Glocke zum Mittagessen rief, und nahm ihn einfach mit. Drei Stunden später dann rief er das erste Mal Carmen Würth an. Sie war in Griechenland mit ihrem Mann. Durchgestellt wurde er nur, weil er sich als Arzt ausgegeben hatte.

»Hier ist Dr. Hassan. Ich habe Ihren Sohn entführt.«

Super-GAU. Und fast nicht zu glauben. Aber nach den ersten Schocksekunden fand sie ihre Stimme wieder.

»Aber lassen Sie doch den Bub laufen. Er ist behindert. Er kann Ihnen doch gar nichts tun.«

Das stimmte hundertprozentig, aber das zählte hier nicht. Es ging darum, was der Anrufer ihrem Sohn antun konnte, wenn sie nicht bezahlte. Denn er selbst sei schwer krank, erklärte der Entführer, und er bräuchte das Geld für eine Operation.

»Wenn ich sterbe, dann stirbt er auch.«

Der Anrufer sagte das mit einem starken osteuropäischen Dialekt und in einem freundlichen Tonfall. »Dann bleibe ich besser auch freundlich«, dachte die Mutter, »damit das hier nicht eskaliert.« Offensichtlich hatte sie durch ihr privates Psychologiestudium viel gelernt:

»Wie viel wollen Sie?« Die Antwort erstaunte Carmen Würth. Weil es so wenig war.

»Drei Millionen.«

Sie flogen sofort zurück, und noch bevor sie in Schwäbisch Hall landeten, war das Geld organisiert. Nicht organisiert dagegen schien der Empfänger zu sein. Er rief immer wieder an und änderte jedes Mal die Details der Geldübergabe. Mal ging es um Funkgeräte, mal um die fluoreszierende Farbe, mit der ihr Auto besprüht werden sollte, mal war gar kein Auto im Spiel, sondern ein Zug, und das alles irgendwo zwischen Heilbronn und Würzburg. Die Zielkoordinaten wechselten Stunde um Stunde. War das raffiniert? Oder hilflos? Polizeihubschrauber kreisten längst über Sassen, das Gebiet war weiträumig abgesperrt, Wälder wurden durchkämmt. Wo war Markus? Lebte er noch? Carmen Würth blieb freundlich, ihr Mann hingegen war verzweifelt. Deshalb nahm nur sie die Anrufe an, die immer komplizierter wurden, und am Ende klappte die Geldübergabe nicht. Der Entführer gab auf, ohne seine Drohung wahr zu machen. Ein letztes Mal rief er Carmen Würth an, um die Geodaten durchzugeben, mit denen sie ihren Sohn wiederfinden konnte. Unversehrt.

Die Elitepolizei fand Markus in der Nähe von Würzburg in einem Wald, an einen Baum gekettet. Außer einer Unterkühlung war er wohlauf. »Dass er nicht sprechen kann, hat meinem Sohn wahrscheinlich das Leben gerettet«, vermutet Reinhold Würth. Seitdem wird auch Markus von Bodyguards beschützt, den Besten ihrer Branche, und nach Sassen konnte er nicht zurück. Seine neue Heimat ist geheim.

In seinem Büro

7. November 2018, Künzelsau-Gaisbach. Wer zum ersten Mal über die B 19 auf die Firmenzentrale der Würth-Gruppe zuhält, wundert sich, wie dieses Raumschiff dahin kommt. Oder was ist das sonst? Auf alle Fälle ist es sehr groß. Die Gemeinde Gaisbach daneben ist auch nicht viel größer, und die bietet immerhin so viel Platz wie ein Dorf. Rund zwei Dutzend Firmengebäude stehen anmutig verschachtelt auf dem Würth Areal – Bürohäuser, Lagerhallen, Versandzentren und weiß der Kuckuck, was da noch alles steht, umgeben von großzügigen Parkplätzen und stark kultiviertem Grün.

Neunzig voll beladene Lkws rollen täglich mit den mittlerweile mehr als 125 000 verschiedenen Produkten heraus, auf denen *Würth* steht. Und die Straßen, auf denen sie heraus- und hereinfahren, tragen hübsche Namen. Dieselstraße zum Beispiel. Oder seinen. Die Reinhold-Würth-Straße führt zum Herzen des Firmenzentrums, und wieder fragt man sich: Was ist das? Ein aus viel Glas und schneeweißen Klinkersteinen gebauter Palast? Oder Science-Fiction? Oder Silicon Valley auf Schwäbisch? Das neue Verwaltungsgebäude wurde Anfang der Neunzigerjahre gebaut, und die, die es entworfen haben, müssen zu gleichen Teilen Architekten und Künstler gewesen sein. Keine Säule, keine Strebe, keine Kuppel ist uninspiriert, und auf dem Vorplatz steht, von Wasserspielen untermalt, eine tonnenschwere Großplastik des dänischen Bildhauers Robert Jacobsen, die ein bisschen wie eine wunderschöne, riesige Schraube mit Flügeln aussieht.

Zwei Eingänge. Der rechte zum Museum Würth, in dem auf 900 Quadratmetern nicht nur – je nach aktueller Ausstellung – unter anderem Picasso und Chagall ausgestellt sind, sondern auch Schrauben und Gewinde aller Zeiten, und der linke zur Empfangshalle, den Bürotrakten, den glasüberdachten Freitreppen und den Fahrstühlen zu den oberen Stockwerken. Das Büro des Professors ist das letzte im rechten Flügel.

Für einen Unternehmer seiner Liga wirkt es bescheiden. Man kann sich bewegen, aber Golf spielen kann man darin nicht. Es ist die Atmosphäre, die Einrichtung, das Licht, das an seinem traditionellen Arbeitsplatz besticht. Alles ist schön und funktional zugleich, alles ist edel und vieles einmalig, nicht zu gemütlich, nicht zu kalt, der Schreibtisch ein Gedicht, der Chefsessel auch. Und der Chef?

Reinhold Würth ist auch im Alter von 84 Jahren alles andere als ein Pensionär. Er macht einfach weiter wie gewohnt. Gestern noch hat er hier mit dem Geschäftsführer von Würth Brasilien gesessen und ihm die Leviten gelesen, seinen Leuten aus Portugal und Chile dagegen konnte er gratulieren.

Danach musste er noch mal kurz hin und zurück nach Berlin fliegen und war gegen Mitternacht im Bett. Und heute? Fast dasselbe wie gestern. Konferenz der Auslandsgesellschaften. Um 8.30 Uhr werden sich alle Teilnehmer im »Alma-Würth-Saal« zusammenfinden. Es ist 8.25 Uhr, und Reinhold Würth muss runter.

Der Saal ist bumsvoll. Alle zweihundert Plätze sind besetzt. Der Sprecher der Konzernführung Robert Friedmann und sein Stellvertreter Peter Zürn präsentieren schöne Zahlen. 75 000 Mitarbeiter in mehr als achtzig Ländern beliefern derzeit weltweit 3,5 Millionen Kunden. Ergebnis: knapp 14 Milliarden Euro Umsatz in diesem Jahr. Reinhold Würth ist dran. Er redet etwa 45 Minuten. Dann fährt er heim, isst zu Mittag Kalbsniere mit Bratkartoffeln und schwimmt sechzehn Runden durch seinen Pool. Um 15 Uhr ist er wieder in seinem Büro, um zu den Themen Unternehmensführung, Gründerszene und Management einem Journalisten vom Wirtschaftsmagazin *Bilanz* ein Interview zu geben. Sein Name ist Helge Timmerberg.

Hallo?

Das bin ich.

Ich bewundere sein Büro. Ich fühle mich auf der Stelle darin wohl. Ich bewundere seinen Anzug. Seriöser Dreiteiler, aber hübsch bequem, und die gelbe Weste hätte auch Goethe tragen können. Mich berührt diese freundliche Zerbrechlichkeit im Zentrum der Macht. Aber ich bin auch ein bisschen nervös, weil ich keine Ahnung habe. Nicht von Wirtschaft, nicht von ihm. Als ich vor zwei Tagen den Job annahm, hörte ich den Namen Würth zum ersten Mal. Seitdem habe ich mich im Internet ein bisschen schlaugemacht, aber die Betonung liegt auf »ein bisschen«, und darum wird auch nichts aus den oben genannten Interviewthemen. Ich weiß nicht einmal von ihnen. Wahrscheinlich wurden sie von der Redaktion einfach nur so dahin geschrieben, um das Interview zu kriegen. Mir hatten sie nur gesagt: Mach, was du willst.

Wir nehmen an dem Besprechungstisch Platz. Auch er ist ideal. Nicht zu groß und nicht zu klein. Man muss an ihm nicht zu nah beieinandersitzen. Mein Fotograf und seine PR-Mitarbeiterin sind mit am Tisch, und alle lassen ein, zwei Stühle Platz zum Nachbarn frei, nur ich setze mich direkt neben Würth, was etwas Verwunderung in seinen Augen wachruft, doch nachdem ich erklärt habe, wie schwerhörig ich bin, findet er die Nähe völlig in Ordnung. Es ist aber nicht nur mein Gebrechen, es ist auch Sympathie, die mich zu ihm zieht.

Deshalb gebe ich erst mal alles zu. Ich bin kein Wirtschaftsjournalist, und Journalist bin ich seit geraumer Zeit eigentlich auch nicht mehr, ich schreibe Reisebücher, und warum man ausgerechnet mich zu ihm geschickt hat, weiß ich auch nicht. Das Geständnis gipfelt in der Feststellung, dass ich im Grunde nur eines von ihm weiß, nämlich dass er superreich ist. Und das genügt. Das finde ich hochinteressant. Millionäre trifft man hier und da, aber der elffache Milliardär (das sind 11 000 Millionen) ist das unbekannte Wesen schlechthin. Zu dieser stark reduzierten, aber für mich hoch spannenden Thematik habe ich drei Fragen parat. Eine religiöse, eine psychologische und eine soziale.

Erste Frage. Wie bewertet der gläubige Christ Reinhold Würth die Aussage von Jesus, dass eher ein Kamel durch ein Nadelöhr kommt als ein Reicher ins Himmelreich? Kann der Milliardär das bestätigen, oder hat sich Jesus da geirrt? Weil Reinhold Würth mit seinem vielen Geld nichts Schlechtes tut, sondern im Gegenteil viel Gutes, versteht er die Frage nicht. Darüber hinaus ernährt er mit seinem Werk weit über 100 000 Menschen, denn an den meisten seiner Mitarbeiter hängen viele Familienmitglieder, was sich zur Einwohnerzahl einer mittelgroßen Stadt summiert. Aber gerade deshalb frage ich: Reicht das alles nicht? Hat ein Reicher grundsätzlich keine Chance aufs Paradies? Eine gemeine Frage, das sehe ich ein. Beantwortet er sie mit »Nein, das stimmt nicht«, dann stimmt auch nicht, wenn man die Dinge konsequent zu Ende denkt, dass Jesus Gottes Sohn gewesen ist, denn Gottes Zunge würde bei so wichtigen Themen keinen Blödsinn reden. Reinhold Würth findet eine dritte Möglichkeit: »Vielleicht hat er es ja nicht so gemeint«, sagt er. »Vielleicht meinte er geistigen Reichtum.«

Gute Antwort. Geistiger Reichtum schlägt oft in Ego um, in Stolz und Besserwissertum. Die Schriftgelehrten waren damals Jesus' Feinde, und sie sind es möglicherweise heute noch.

Nächste Frage. Die psychologische. Man sagt, dass man sich für Geld alles kaufen kann. Welche Träume bleiben einem Milliardär dann noch? Och, sagt der Konzernherr, er habe eigentlich selten Bargeld in der Tasche. Wenn er unterwegs mal was brauche, leihe er es sich von seinem Fahrer aus. Lustige Antwort. Der Mann hat schon viele Interviews gegeben. Der lässt sich nicht mit Küchenpsychologie zu therapeutischen Gesprächen hinreißen.

Und meine dritte Frage, die soziale, betrifft die beiden großen Themen des Lebens, Freundschaft und Geld und wie sie zusammengehen. Der Volksmund sagt, beim Geld hört die Freundschaft auf. Stimmt das auch umgekehrt? Wie kann ein Reicher sicher sein, dass alle nicht immer nur das eine von ihm wollen, nämlich sein Geld, und ihre Freundschaft nur den Weg zu diesem Ziel darstellt? Haben Milliardäre Freunde? »Ach«, sagt Reinhold Würth, »ich habe eigentlich überhaupt keine Schwierigkeiten, Freundschaften zu schließen. Ich habe nur zu wenig Zeit dafür.«

Das gilt auch aktuell, und der Fotograf muss ja auch noch seine Arbeit tun. Dafür gehen wir raus, auf den

Platz vor dem Verwaltungsgebäude, und mein Kollege bittet Reinhold Würth, sich an die große geflügelte Schraube anzulehnen und dabei wenigstens ein Mal die Hände in die Hosentaschen zu stecken. Der Professor entspricht dieser Bitte, aber glücklich macht sie ihn nicht. »Das mache ich sonst nie«, sagt er zum Abschied, und ich denke, er hat recht. So fliegt die Schraube nicht.

Auf meinem Weg von Künzelsau zurück nach Haus fühle ich mich seltsam. Ich möchte diesen Mann furchtbar gern wiedersehen. Nicht für ein weiteres Interview, auch nicht für ein Buch, sondern einfach so. Und würde das überhaupt gehen? Könnte ich jemals vergessen, wie reich er ist und was das für mich bedeuten kann? Das wäre schön. Aber ich glaube nicht daran. Ich schreibe, sobald ich wieder zu Haus bin, meine Geschichte für das Wirtschaftsmagazin *Bilanz*, und zwei Wochen nach der Veröffentlichung meldet er sich und bietet mir an, seine, wie er es nennt, »finale Biografie« zu schreiben. Ich brauche etwa drei Sekunden, um mich positiv zu entscheiden. Und wohin geht's als Nächstes?

»Nach Portugal«, sagt er. »Abflug von Salzburg. Da können Sie gerne mitkommen.«

Salzburg

Mai 2019. Der Obdachlose irritierte mich. Er ist aus weißem Marmor, auch seine Hütte oder sein Bunker, oder wie immer man so einen Unterschlupf nennen will, und die Bank, auf der er saß, und die Pennerdecke. Sein Rucksack, seine Jogginghose, seine Flasche. Alles aus weißem Marmor. Und aus einem Block gehauen. Ich setzte mich zu ihm und verlor mich in seinem Marmorblick. In seinen Augen mischten sich Tränen und Alkohol zu gleichen Teilen. Was ist das? Meine Freundin fragt mich das oft, und meine Antwort ist immer dieselbe: Wenn du etwas nicht verstehst, ist es Kunst.

Dabei verstehe ich das Werk an sich. Die Idee und die Perfektion. Ultrarealistisch, nur das Material ist die Provokation. Aber ich verstehe nicht den Standort. Der Obdachlose steht im Garten eines Milliardärs. In der Mitte seines Salzburger Anwesens, das man herrschaftlich nennen muss, nicht protzig, nicht russisch, sondern Macht mit Geschmack, verteilt auf vier Gebäude, eins für die Familie, eins für die Gäste, eins für die Security und eins für die Bücher. Und genau in der Mitte dieser ansehnlichen Immobilie in Salzburg hat Reinhold Würth den Obdachlosen des österreichischen Bildhauers Markus Redl platziert. Also, was ist das? Mehrere Antworten sind möglich:

1. Die christliche: Kunst ist, was uns die Armut nicht vergessen lässt.
2. Die konfuzianische: Kunst ist, im Zentrum der Fülle dem Mangel Raum zu geben.
3. Die witzige: Kunst ist, wenn die Raucher nach draußen zu dem Penner müssen.

Josef gesellt sich zu mir. Er war Oberkellner im »Goldenen Hirsch«, das heißt, er gehörte zu den Mozarts der Gastronomie. Eines der besten Restaurants, eines der besten Hotels, zentral gelegen in Salzburg. Josef hat Präsidenten bedient, Diktatoren, Diven, Finanzgenies. Bei Staatsbanketten musste er k. u. k. Kostüme und eine Perücke tragen. Als der »Goldene Hirsch« für längere Zeit den Betrieb einstellte, weil das Haus von Grund auf renoviert werden musste, wurde Josef von Carmen Würth gefragt, ob er nicht bei ihnen zu Hause ein bisschen helfen wolle. Ich kenne Josef seit knapp einer Viertelstunde, weiß aber jetzt schon, warum ihn die Frau des Konzernherrn das fragte. Josef hat eine Meisterschaft der Dienstbarkeit erreicht, die nicht mehr wie Dienen aussieht. Er ist entspannt, eloquent, immer wohlgelaunt. Der souveräne gute Geist für alle Fälle im Haus, für alle Fragen, alle Wünsche, man kann ihn aber auch ohne Probleme einfach so um sich haben. Josef kann reden, Josef kann schweigen, Josef kann unsichtbar werden, und nichts im Leben scheint Josef fremd zu sein. Dazu trägt er eine Trachtenjacke.

»Der Professor erwartet Sie in seiner Bibliothek. Ich führe Sie zu ihm, wenn Sie aufgeraucht haben.«

Auf dem Weg zur Bibliothek führt mich Josef an einem Bild von Max Liebermann vorbei. Auch schön, wahnsinnig schön in Wahrheit. Ich verweile ein bisschen vor ihm. Der Name war mir geläufig, aber ich wusste nicht, dass er so herrlich malte.

»Der Gegenwert dieses Bildes würde mir doch sicher den Rest meines Lebens vergolden«, sage ich.

»Na ja«, antwortet Josef, »wahrscheinlich vergoldet das auch noch Ihr nächstes.«

»Vergolden« ist ein Zauberwort. Aber es ist kein Märchen. Es gibt Menschen, die tragen Gold in sich, und zu Gold wird alles, was sie anfassen. Nicht nur Schrauben. Das kann auch mir passieren. Was will ich von ihm? Seine Geschichte oder sein Geld? Und was will er von mir? Eine Biografie oder ein Kunstwerk?

Die Bibliothek erweist sich als ein Weichholztheater für Bücher, die Nischen zwischen den Regalen wirken wie Logen, und über ihnen ist genug freier Raum, um ein Bauchgefühl für das Universum des Wissens aufzubauen. Der Saal, dessen Höhe das Einzige ist, was daran erinnert, dass er mal eine Scheune war, ist reich an schönen Dingen, an Lampenschirmen, Vasen, Antiquitäten. Er sieht nicht zugestellt aus – alles ist so platziert, dass es selbstverständlich wirkt. Und nützlich. In diesen Sitzmöbeln kann man lesen. Man muss es aber nicht. Reinhold Würth wartet in einem Ohrensessel auf mich.

Es ist immer dasselbe. Dreimal habe ich ihn bisher getroffen, aber auch beim vierten Mal berührt mich der Anblick des Konzernchefs auf seltsame Weise. Diese freundliche Zerbrechlichkeit im Zentrum der Macht ruft sofort Beschützerinstinkte in mir wach. Gleichzeitig schüchtert mich mein Wissen über seine Lebensleistung ein. Unterm Strich kommt ein Hin und Her der Extreme dabei heraus. Mal bin ich zu brav, mal breche ich aus. Wen kümmert's? Es geht nicht um meine Probleme. Es geht um seine. Die, die er mit mir hat und mit den anderen Nicht-Milliardären, die er kennenlernt. Geld ist Macht. Und so viel Geld wie seines ist eine Supermacht. Entweder sie unterwerfen sich, oder sie rebellieren. Entweder sie lobpreisen, oder sie kritisieren. Entweder Verehrung oder Neid. Das eine langweilt ihn, das andere versteht er nicht. Er hat niemandem etwas weggenommen. Er hat nur etwas hingekriegt. Er ist positiv. Unter anderem, weil er sich von negativen Menschen und Managern sofort trennt. So weit ist es zwischen uns noch nicht gekommen, aber was passiert, wenn er des Gespräches überdrüssig wird, habe ich schon ein paarmal gesehen. Dann zieht sich sein grundsätzlich neugieriger Blick in eine Distanz zurück, für die es Raumschiffe bräuchte, um sie zu überwinden.

Das Thema in seiner Bibliothek: Reinhold Würth ist davon überzeugt, dass jeder Unternehmer einen Lieblingsschriftsteller haben sollte, ein literarisches Alter Ego, das ihm hilft, ein Leben zu genießen, wenn es zu strukturiert und zielorientiert ist. Deshalb mag er Thomas Mann nicht sonderlich. Böll schon eher, aber am liebsten liest er die schon erwähnten Schriften des Generals von Clausewitz und intelligente Kriminalromane. Er würde gern selbst welche schreiben, sagt der Konzernherr.

Carmen Würth gesellt sich zu uns. Ich sehe sie gerade zum ersten Mal, aber sie ist genauso, wie sie mir beschrieben wurde. Sehr bescheiden, sehr herzlich, sehr jung. In Wahrheit ist sie die jüngste 82-Jährige, die ich je gesehen habe. Aber das interessiert sie natürlich überhaupt nicht. Was sie interessiert? Zum Beispiel Meditation. Für mich wird das ein Heimspiel. »Welche Art von Meditation?«, frage ich. »Nichts Spezielles«, sagt sie, »keine Technik, keine Atem- oder andere Konzentrationsübungen.« Sie spricht von einer generellen Aufmerksamkeit für alles, was da ist, und ich gebe ihr recht. »Konzentration« ist nur ein anderes Wort für Verdrängung. Aufmerksamkeit verdrängt nichts.

Josef taucht so leise wie ein Schatten auf, um zu melden, dass das Essen nun so weit sei. Carmen Würth und der Butler gehen voran und auch zu Fuß die Treppen hinunter, es sind ja nicht viele vom ersten Stock bis ins Erdgeschoss. Ich begleite ihren Mann zum Fahrstuhl.

Josef serviert Hühnersuppe. Ich bin wieder fasziniert von dieser lässigen Eleganz, mit der das geschieht, aber ich bin Vegetarier. Das ist mir peinlich, ich bin so kompliziert, und ich kann auch nicht glauben, was die Südamerikaner über Geflügel sagen. Das ist kein Fleisch, sagen sie, sondern so eine Art flatterndes Gemüse. Der Konzernherr weiß Rat. Er schlägt mir Bratkartoffeln mit Spiegeleiern vor. Milliardäre sind manchmal wie Flaschengeister: Sie erfüllen dir jeden Wunsch, den du vorträgst. Dass es auch Flaschengeister gibt, die Wünsche erraten, wusste ich nicht. Bratkartoffeln mit Spiegeleiern sind mein Lieblingsgericht. Seins sind Kartoffelpuffer mit Apfelmus. Aber eine Hühnersuppe gibt mehr Kraft. Eine Reise liegt vor uns. Heute nach Faro, morgen nach Spanien zu seiner Jacht. Sie liegt im Trockendock, aber ich will sie unbedingt sehen.

Ursprünglich wollte er ihr Urlaubsdomizil auf Ibiza bauen, erzählt Reinhold Würth. Eine Villa wie ein Adlerhorst, hoch oben an der Steilküste, stand mal zum Verkauf. Eine geräumige Halbhöhle gehörte dazu, die sich prächtig mit einer halben Glaskuppel abrunden ließe. Und dann: Beethoven bei jedem Wetter. Ja, denke ich, für Sturm, Donner, Blitze und Wellenungetüme ist Beethoven eh der Richtige, und das stimmt auch für die ge-

genteiligen Klimaverhältnisse. Die »Ode an die Freude«, immer wenn die Sonne scheint und die Delfine springen – und sobald der mediterrane Mond am sternenklaren Himmel thront, ein bisschen »Für Elise«. Aber seine Frau war dagegen. Warum?

»Na, stellen Sie sich das doch mal bildlich vor«, sagt Carmen Würth, »ein Adlerhorst ganz oben an der Steilküste, von dem unsere Kinder und Kindeskinder stürzen könnten, wenn man sie mal aus den Augen lässt. Nein, das geht doch nicht.«

Reinhold Würth hörte auf seine Frau, aber das Schicksal nicht. Es brauchte auch keine Abgründe bis runter zu den Klippen, um der Familie eine Tochter und Enkeltochter zu nehmen. Die kleine Anne-Sophie wurde auf einer eigentlich ruhigen Straße von einem Auto überfahren. Doch darüber möchte ich so kurz vor einer schönen Reise nicht unbedingt mit ihnen sprechen und muss es auch nicht, weil wir am Ende der Mahlzeit angelangt sind.

Nach dem Essen darf ich, während sie sich umziehen, auf eine Zigarette oder auch zwei zu dem Obdachlosen zurück. Der Himmel über Salzburg weint. Regentropfen fließen wie Tränen an dem weißen Marmor herab. Aber bevor ich trübsinnig werde, gesellt sich einer der Security-Leute zu mir. Ein sehr netter Mann. Ich frage ihn, was er alles kann. Ich frage allgemein. Ob diese extrem schnellen Nahkampfszenen in den neuen Hollywood-Filmen die Realität widerspiegeln. Und er sagt: »Ja, das stimmt, das können wir auch.« »Können Sie auch so lange stehen? In den Filmen schlagen sie sich halb tot und sind immer noch wohlauf.« »Na ja«, sagt er, »es wird immer welche geben, die etwas mehr oder etwas weniger einstecken können, aber die Toleranzgrenze für Schmerzen ist in meiner Branche generell recht hoch.« Und dann frage ich ihn noch, in wie vielen Sekunden er mich mit bloßen Händen töten könnte. Und er sagt: »Das ist jetzt aber Hollywood.«

Die Würths sind so weit, wir treffen uns bei einem Achtzylinder an der Auffahrt. Der Konzernherr trägt einen cremefarbenen, überlangen Trenchcoat, der Seriosität und Urlaubs-Laisser-faire perfekt vereint. Seine Frau steigt vorne ein, ich sitze mit Reinhold Würth hinten. Während der Fahrt zum Salzburger Flughafen studiert er Listen. Zahlenkolonnen, viele Seiten. Die Umsätze sämtlicher Würth Gesellschaften des vergangenen Monats. Er ist altersmilde geworden. Früher hat er die Umsätze täglich kontrolliert. »Wer hat die besten Zahlen?«, will ich wissen. »Die besten hat immer Deutschland«, sagt er. »Und wer die schlechtesten?« »Jetzt gerade Taiwan. Und die Gesellschaft im Iran haben wir aufgegeben.« Unterm Strich ist Reinhold Würth zufrieden. Die Zahlen liegen 11 Prozent über denen des Vorjahresmonats. Für das ganze Jahr nennt der Konzernherr eine Umsatzsteigerung von einer Milliarde als Planungsziel. »Na, das scheint ja zu klappen«, sage ich. Und wundere mich, wie ich plötzlich über Milliarden rede. Aber habe ich nicht auch einmal Monopoly gespielt?

Reinhold Würth steht laut Forbes auf Platz 11 unter den reichsten Deutschen. 11 Milliarden Privatvermögen. Er selbst will darüber nichts sagen, zumindest mir nicht, denn als ich ihn mal danach fragte, zog er nur die Augenbrauen hoch.

Zwei Herren erwarten uns am Flughafen. Einer ist Reinhold Würths Bodyguard. Um Missverständnissen vorzubeugen: Er ist nicht der Security-Mann, mit dem ich vorhin beim Obdachlosen sprach. Er ist, ich sage es noch einmal, der BODYGUARD. Spätestens seit dem gleichnamigen Film mit Kevin Kostner und Whitney Houston weiß man, was sie tun. Sie sind immer dabei, sie sehen alles, sie sind schnell und verraten ungern ihren Namen. Seit sechzehn Jahren ist er der Schatten des Milliardärs auf allen Reisen. Vorher war er bei einem Reichen, der noch reicher war, und davor bei einer Anti-Terror-Einheit des Freistaates Bayern. Er sieht ein bisschen wie Arnold Schwarzenegger aus, nur nicht so aufgepumpt.

Der andere Herr, der mit uns fliegt, ist ein Arzt, und er begleitet Reinhold Würth ebenfalls auf fast allen Reisen. Leibwächter und Leibarzt sitzen auf den hinteren Plätzen, die Würths in der Mitte, mir wurde der Platz gegenüber dem Konzernherrn angeboten, zwischen uns ist ein Klapptisch aus Edelholz, auf dem Zeitungen und Magazine liegen. *Süddeutsche Zeitung*, *FAZ*, *Die Zeit*, *Spiegel*, *Stern*, *Bilanz*, solche Sachen. Und Reinhold Würth liest, weil ich ihn nichts frage.

Warum?

Es gibt zwei Arten von erfüllten Wünschen, die Ärger bringen. Entweder trifft das Bestellte punktgenau ein, aber es bekommt einem nicht. »Wenn Gott einen Menschen bestrafen will, erhört er seine Gebete«, hat Oscar Wilde dazu gesagt. Oder man wünscht sich etwas und bekommt das auch – aber nur fast, denn es sieht irgendwie ganz anders aus, als man es sich vorgestellt hatte. In einem Autosalon wünschte ich mir mal die große Freiheit und bekam einen BMW im Stau. Das ist nicht dasselbe. Oder ich wünschte mir Liebe, und es kamen Herzensdiebe.

In diesem Fall aber hatte ich mir den Flug in einem Privatjet gewünscht, inklusive des großen Über-den-Wolken-Interviews mit Reinhold Würth, und dafür sitze ich nun auch tatsächlich in der Cessna Citation in der

Pole-Position, aber kaum sind wir gestartet und haben die Flughöhe von 30 000 Fuß und ein paar Zerquetschten erreicht, schlafe ich ein.

Und zwar so: Reinhold Würth zeigt es mir, als ich, mittlerweile über Portugal, wieder aufwache. Er wirft den Kopf zurück, öffnet den Mund, so weit es geht, und schnarcht ein bisschen. Gott, ist das peinlich. Aber auch erhellend, was den Charakter des Konzernherrn angeht: Denn dass er mich nach diesem »Interview« nicht von seinem Bodyguard, mit Fallschirm zwar, aber doch hochkant aus dem Flieger hat werfen lassen, rechne ich ihm hoch an.

Faro – Cartagena – Faro

Noch nie bin ich so schnell von der Maschine zum Parkplatz der Limousine gelangt wie im Flughafen von Faro. Ein nicht uniformierter Portugiese führt uns wie Unsichtbare durch alle Türen. Draußen wartet ein kleiner Italiener. Er ist der Hausmeister des Anwesens an der Algarve. Wie alle, die ich bisher im privaten Umfeld des Milliardärs kennenlernen durfte, ist er ein sehr netter Mensch. Die Würths umarmen ihn bei der Begrüßung. Wir steigen in den Wagen.

Der Bodyguard übernimmt das Steuer, weil er das immer macht, denn Autofahren ist eines der nützlichen Dinge, die er bei der Anti-Terror-Einheit gelernt hat. Freundlicherweise bleibt er weit unter seinen Möglichkeiten. Er fährt zwar zügig, aber nie auf nur zwei Rädern durch die Kurven. Er könnte auch noch ganz andere Sachen. Kontrolliertes Schleudern, über Treppen fahren, Sprungschanzen nutzen, mit rechts lenken, mit links schießen oder auch mit links schießen und mit rechts telefonieren, während er das Lenkrad mit den Knien führt. All das macht er nicht. Carmen Würth öffnet ihr Seitenfenster. Sie genießt die Luft und den Duft des Südens. Es ist Frühling, und das Meer ist nicht weit.

Wieder ein großes schmiedeeisernes Tor wie in Salzburg. Wieder ein weitläufiger, allerdings subtropisch begrünter Garten, wieder ein geräumiges Wohnzimmer, wieder große Kunst überall und wieder alles geschmackvoll und gemütlich, aber am besten gefällt mir in dem Urlaubsdomizil der Würths das Familiensofa. Würde man es geradeziehen, wäre es sicherlich zehn Meter lang. Aber es ist so rund wie die Tafel von König Arthur. Die Sofarunde von Professor Würth hat dieselbe Botschaft. Keine dominanten Plätze, keine Stirnseiten, kein Thronsessel, kein Katzenstuhl. Alle sitzen gleich. Und alle passen darauf, obwohl die Großfamilie mittlerweile knapp zwei Dutzend Mitglieder hat. Drei Kinder, fünf Enkelkinder, Urenkel, Schwiegersöhne, Anverlobte samt deren Hunden haben hier schon Urlaub gemacht. »Das ist ein super Sofa, Herr Würth«, sage ich. »Wir haben wirklich denselben Geschmack. Aber leider nicht dieselben Mittel.« Er lacht.

Die schlechten Nachrichten beginnen beim Abschied vor der Haustür. Ich werde, wie der Bodyguard und der Arzt, im Hotel schlafen. Bevor wir abrauschen, wird geklärt, wie es morgen weitergeht. Der Privatjet nach Cartagena startet um sieben Uhr. Um halb sieben müssen wir am Flughafen sein. Um sechs vor dem Hotel, um halb sechs aufstehen. Spätestens. Das hört sich nicht gut an, gar nicht gut. Für Menschen, die seit Jahren keine Nacht vor drei oder vier Uhr ins Bett gehen, hört sich der Zeitplan eher danach an, dass auch die Wunscherfüllung in Sachen Superjacht morgen ein bisschen aus dem Ruder laufen könnte.

Der Abend im Hotel wird prima. Der Bodyguard, der Arzt und der Biograf von Reinhold Würth sitzen auf dem Balkon der Hotelbar. Alle rauchen, alle trinken Rotwein, alle erzählen Reisegeschichten. Die des Bodyguards und des Arztes verlaufen überwiegend identisch. Sie reisen seit Jahren zusammen mit dem

Chef. In Portugal macht er ja nur neun Tage Urlaub, aber er ist auch oft zwei Monate unterwegs oder drei, und das zweimal im Jahr. Dafür ist die Jacht da. Sie ist groß und stark genug, um über jedes der sieben Weltmeere zu fahren, auch bei schlechtem Wetter. Drei Monate vor der Küste von Neuseeland, zwei Monate Karibik oder Alaska oder Indien. Wer mit Reinhold Würth reist, kommt herum. Was der Bodyguard und der Arzt noch gemeinsam haben? Beide erinnern mich an Josef. Erstklassig im Beruf, menschlich sympathisch und vom Unterhaltungswert ein Gewinn an jedem Tisch. Reinhold Würth will keine Schlechtgelaunten um sich haben, auch keine Langeweiler, und hat das auch wirklich nicht mehr nötig. Der Bodyguard ist lustig und ein guter Erzähler. Der Arzt kann zuhören und stellt kluge Fragen. Ich nicht. Ich will vom Bodyguard dasselbe wissen wie von dem Security-Mann in Salzburg. In wie vielen Sekunden könnte er mich mit bloßen Händen töten? Die Antwort überrascht mich. Ich sei der Fünfte, der ihn das in den letzten zwei Wochen gefragt hat.

Der Konzernherr steht am nächsten Morgen wie geplant vor seiner Haustür, bekleidet mit einem Leinenanzug und leichtem Schuhwerk. Dazu trägt er einen Panamahut. Seine immer etwas feuchten blauen Augen strahlen freundlich.

»Guten Morgen, Herr Würth«, sage ich. »Haben Sie gut geschlafen?«

»Ganz ausgezeichnet. Und Sie?«

»Leider überhaupt nicht.«

»Was?!«

»Ich arbeite immer nur nachts, Herr Würth. Ich kann mich nicht so schnell umstellen. Bis halb fünf wurde ich nicht müde, und ab fünf lohnte es sich nicht mehr zu schlafen.«

»Aber warum haben Sie denn keine Pille genommen?«

Ja, warum nicht? Ich hatte keine, aber Andy hätte mir sicher eine gegeben, wenn ich ihn darum gebeten hätte. Das habe ich nicht, und das war schwer unprofessionell. Das weiß ich, das weiß er, und so fängt kein guter Tag an.

»Na ja«, sagt Reinhold Würth, »vielleicht können Sie ja im Flugzeug noch ein kleines Nickerchen machen.«

»Ja, das wäre schön.«

Davon abgesehen, ist es ein glitzernder Morgen. Gestern war der Himmel bewölkt, heute hat die Morgenstund' nur Gold im Mund. Auf der Straße, auf dem Meer und über Andalusien. Mir wäre es lieber, ich würde nichts davon sehen, sondern schlafen, aber das klappt auch im Flieger nicht. Dafür hätte ich auf den doppelten Espresso verzichten sollen, den ich im Hotel noch schnell runtergekippt hatte. Es gibt todmüde und völlig übermüdet. Bei Letzterem findet das Gehirn den Schalter zum Ausknipsen nicht. Aber lasst uns die Dinge auch hier positiv sehen und beherzt das Abenteuer der Grenzüberschreitungen angehen. Mein Plan ist es, mir die CIA-Secret-Service-Spezial-Agenten als Vorbild zu nehmen. Die sind darauf trainiert, tagelang nicht zu schlafen und trotzdem eins a zu funktionieren. Ich erzähle Andy davon, und der blickt mich an wie ein Arzt, der gerade einem Kind zuhört. Außerdem: Wenn ich mich schon an unerreichbaren Vorbildern orientieren will, warum dann nicht an denen, die in der Nähe sind? Und die man fragen kann, wie das geht. Reinhold Würth flog, als er jünger war, oft mal die ganze Nacht selbst seine reichweitenstärkeren Flugzeuge von Schwäbisch Hall bis irgendwohin, um nach der Landung naht- und schlaflos in einen arbeitsreichen Tag zu gehen. Also: »Wie macht man das, Herr Würth?« Seine Antwort ist äußerst knapp: »Es ging um Geschäfte«, sagt er.

Gegen zehn landen wir auf einem kleinen Flughafen vor Cartagena. Drei Mitglieder der Jachtcrew warten auf uns. Sie sehen genauso aus wie erwartet. Braun gebrannt und tätowiert. Garderobe: Pirate Style. Ein Hosenbein bis zu den Knien hochgerollt, eins lang getragen. Das ist, ich weiß, gerade der letzte Schrei der Männer-Freizeitmode. Jachtleute sind glückliche Leute, sie haben den besten Job aller Matrosen. Sie fahren eigentlich nur bei schönem Wetter und ankern in den besten Häfen weltweit. Der, dem der Pirate Style am besten steht, freut sich sichtlich, den Chef zu sehen, auch wenn in seinen Augen ein Hauch von Sorge geschrieben steht. Sie liegen ziemlich weit hinter dem Zeitplan. Andy hatte es mir erzählt. Die Jacht steht im Trockendock und wird generalüberholt. Das muss alle zehn Jahre geschehen. Eigentlich sollten sie nun schon bald damit fertig sein. Sie sind es aber nicht. Noch lange nicht.

Die Fahrt zu den Trockendocks dauert dreißig Minuten, dann sehe ich, was »generalüberholen« bedeutet. Als Reinhold Würths Jacht 2009 vom Stapel lief, war sie mit 85 Metern eine der längsten weltweit. Zwei russische Oligarchen ließen sich das nicht gefallen und ließen längere bauen. Beide sind deutlich über 100 Meter lang. Aber noch immer, so hörte ich, ist seine »Vibrant Curiosity« die schönste Jacht vor allen Küsten. Italiener haben sie entworfen, Holländer gebaut.

Trotz ihrer Größe und Eleganz sieht sie supersportlich aus. Eine Hightech-Gottheit auf dem Meer, schneeweiß. So kenne ich sie von Fotos. Im Trockendock ist davon nichts zu sehen. Gerüste und Planen decken die

Jacht von außen ab, trotzdem bin ich überaus beeindruckt, fast positiv schockiert. Sie ist so groß wie ein kleines Kaufhaus.

Die Crew hat sich vor der Baustelle aufgereiht. 26 wären es bei Normalbetrieb, etwa die Hälfte sind es hier. Reinhold Würth begrüßt, mit dem Kapitän beginnend, jedes Besatzungsmitglied mit Handschlag. Hin und wieder benutzt er beide Hände, manchmal wird jemand umarmt. Man kennt sich, man schätzt sich, man hatte schon oft zusammen eine gute Zeit. Mich berührt dabei zweierlei. Zum einen die freundliche Großväterlichkeit des Schiffseigners, zum anderen die Unerbittlichkeit seines Lebensabschnitts. Auf allen alten Fotos, die ich von Reinhold Würth gesehen habe, schien er mir immer der Größte zu sein. Größer als sein Vater, größer als seine ersten Mitarbeiter, größer als die meisten. Der Schein kann trügen, aber Fakt ist, das Alter beugt. Selbst Milliardäre können sich nicht dagegenstemmen.

Drinnen sieht es im Prinzip so aus wie draußen. Alles ist entweder abgedeckt oder abgeschraubt oder übereinandergepackt oder von Kettenzügen gehalten – wie die beiden gigantischen Dieselmotoren, die bei voller Leistung 4500 Liter pro Stunde verbrauchen. So ist das, wenn man seine Wünsche nicht präzise formuliert. Ich wollte auf die Jacht, aber in einem anderen Zustand, was das Schiff und auch mich angeht. Es war nicht länger zu übersehen, dass Andy, der Arzt, vorhin recht hatte, als er mich halb besorgt und halb belustigt wie ein plapperndes Kind ansah. Ich bin kein CIA-Secret-Service-Spezial-Agent, ich bin nicht mal Reinhold Würth, als er so alt war, wie ich es gerade bin. Denn ich bin jemand, der den toten Punkt akzeptiert. Ich bleibe stehen und lasse Reinhold Würth, der vor mir durch die Gänge der Crew-Etage dem Fahrstuhl nach oben zustrebt, ohne mich weiterziehen.

Oben befinden sich die vierzehn Kabinen für Gäste, die VIP-Suite, die Master-Suite, sein Büro und seine private Terrasse mit Whirlpool. All das werde ich nicht sehen, auch nicht den sieben Meter langen Pool auf einem der Sonnendecks, die Kommandozentrale, die Radaranlage, den Hubschrauber-Landeplatz. Was ich sehe, ist die Küche der Crew, und ein Besatzungsmitglied darin, weiblich, blond, jung, sowie den Bodyguard, der sich langsam, aber sicher so benimmt, als wäre ich derjenige, den er beschützen muss. Das muss er aber nicht. Sie macht uns Kaffee, und ich bin wieder interviewfähig. Sie ist Amerikanerin. Ihr gefällt das Leben auf Jachten, besonders auf dieser, weil ihr Besitzer es mit der Crew so hält wie mit allen anderen seiner Mitarbeiter weltweit. Jeder kann ihn ansprechen, er hört jedem zu. Das sei nicht auf allen Jachten so. Es gäbe auch Eigner, die man nicht mal ansehen darf. Absolut verboten und Teil des Arbeitsvertrags.

Trotzdem ist sie ein bisschen nervös, wie alle Crewmitglieder gerade, weil die Jacht noch immer nicht so weit ist, wie sie sein sollte, und Ausreden in Reinhold Würths Gegenwart platzen wie abgestochene Luftballons.

Und was ist hier passiert? Die schöne Amerikanerin zeigt sich gut informiert. Es ist der Lack. Die Jacht wird neu lackiert. Insgesamt drei Mal. Und schon der erste Anstrich wirft Blasen. Ein Materialfehler. Man kann den Hersteller verklagen, aber schneller geht es dadurch nicht. Der Lack muss wieder runter, denn der »Shit«, wie die Amerikanerin die Blasen nennt, wäre auch beim zweiten und dritten Anstrich noch zu sehen. »Dann scheiß doch auf die Blasen«, sage ich, und jetzt sieht mich der Bodyguard an wie ein dummes Kind. Das geht nicht mit Reinhold Würth.

Ich weiß. Auch ich habe die Fotos von der strahlend weißen Jacht vor New York gesehen. Aufgenommen von einer erbosten deutschen Touristin und veröffentlicht von allen, die Lust auf eine Neiddebatte hatten. Die Frau war sauer, weil die Milliardärsjacht ihr den Blick auf die Freiheitsstatue nahm. Meine Meinung dazu ist hier nicht gefragt. Aber die Bibel sagt: Neid gehört zu den sieben Todsünden.

Außerdem beruhigt es mich fast, dass auch bei Würth Fehler gemacht werden. Denn die Perfekten schüchtern mich ein. Ich werde nicht neidisch, ich verliere an Selbstvertrauen. Und er macht es mir nicht leicht. Ich kann nicht sagen: Okay, beruflich hat er alles richtig gemacht, aber privat alles falsch. Bei Reinhold Würth stimmt das nicht. Er hat sich nicht alle zehn Jahre eine zwanzig Jahre jüngere Frau genommen, darum hat er jetzt eine wunderbare Großfamilie und deren Rückhalt. Und jetzt zu sagen: Okay, *amore* und *dinero* stimmen, aber unterm Strich bleibt ein Milliardär ein blöder Kapitalist, geht bei Reinhold Würth auch nicht wirklich. Kunstliebhaber, Musikliebhaber, Literatur-, Philosophie- und Architekturliebhaber – wie soll man das sein ohne Geist? Bleibt nur noch eins: die Systemkritik: »So viel Geld gehört einfach nicht in die Hände eines Menschen.« Das mag sein. Aber in welche dann? In die vielen Hände, die in Berlin seit zehn Jahren einen Flughafen bauen? Oder in die Hände von Politikern? Die Demokratie ist die beste aller Regierungsformen, aber ein schlechtes Geschäftsmodell. »Eher legt ein Hund einen Wurstvorrat an als eine demokratische Regierung eine Haushaltsrücklage«, schrieb der österreichische Nationalökonom Joseph Alois Schumpeter, den auch Reinhold Würth immer wieder gerne liest. Ich bin kein Kommunist. Eher ein Individual-Anarchist. Ich muss den Mächtigen nicht gesellschaftlich die Macht nehmen, nur die Macht über mich.

Aber Reinhold Würth hat sie. Ein Beispiel? »Wie geht es Ihnen?«, fragt er mich am Ende des Tages, als wir wieder zurück in Portugal sind. »Ach, mir ging es schon besser, aber wenigstens bin ich stolz auf mich, dass ich durchgehalten habe.« »Aha, und was hätten Sie getan, wenn Sie nicht durchgehalten hätten?« »Das ist eine gute Frage«, sage ich. Ja, was hätte ich dann getan? Etwas anderes, oder hätte das genauso ausgesehen wie das Durchhalten?

Und da war er wieder, dieser Moment, wenn Ausreden platzen wie abgestochene Luftballons. Und alle haben es gehört. Der Bodyguard, der Arzt und noch ein paar andere. Reinhold Würth ist im Moment nur im Pulk unterwegs. Auf meine Bitte um ein Vier-Augen-Gespräch reagiert er positiv. Wir sind in dem letzten kleinen Ort vor seinem Urlaubsdomizil. Er hat Zeitungen gekauft, ich Zigaretten. Er schickt die anderen weg und geht mit mir in ein Lokal. Er gibt mir ein Bier aus. Und bittet mich zu rauchen. Er ist kein militanter Nichtraucher, aber er mag es überhaupt nicht. Mehr Entgegenkommen ist nicht möglich. Wir stoßen an.

»Ich habe zwei Fragen«, sage ich. »Die erste betrifft unser Verhältnis. Ich habe zu viel Respekt vor Ihnen. Das kommt nicht von Ihnen, das kommt von mir. Und es steht wie eine Mauer zwischen uns.« Reinhold Würth schaut mich unter seinem Panamahut treuselig an.

»Ach«, sagt er, »das müssen Sie ablegen.«

Gern geschehen. Im selben Moment. Lag es an diesem Blick oder an dem Panamahut im Nachmittagslicht oder am Bier? Was auch immer. Es war weg. Nicht der Respekt, aber die Mauer.

»Und die zweite Frage?«

»Was erwarten Sie sich eigentlich von diesem Buch, Herr Würth?«

»Dass es ehrlich ist«, sagt er. «Mehr nicht. Beschreiben Sie mich so, wie Sie mich sehen. Im Guten wie im Schlechten. Und wenn Ihnen selbst nichts Schlechtes an mir auffällt, dann fragen Sie meine Frau. Da werden Sie fündig.«

Weil ich harmoniesüchtig bin, frage ich Carmen Würth lieber nach Rimini, als ich sie am nächsten Tag wiedersehe. Es war ihre erste gemeinsame Urlaubsreise, ich nenne sie Flitterwochen, aber das will sie nicht so stehen lassen. »Es war ja schon ein Jahr nach unserer Hochzeit«, sagt sie. Wir sitzen in ihrem portugiesischen Garten, die Bäume des Südens spenden Schatten, frühlingstrunkene Vögel sind unterwegs. Carmen Würth ist ein südländischer Typ, und sie stehen ihr gut, diese bunten, leichten Sachen, die sie trägt. Ihr Mann ist noch luftiger bekleidet, aber nicht bunter. Shorts, Sommerhemd, Strohhut. Hermann Hesse könnte es nicht besser stehen. »In Rimini«, sagt Carmen Würth, »haben wir in einer kleinen Pension gewohnt, in einem winzigen Zimmer. Es war ja nicht viel Geld da.« Die frischen Zitrusfrüchte, die sie sich in Italien leisten konnten, galten ihnen bereits als Luxus damals.

»Wir sprechen von 1957, nicht wahr?«, frage ich.

»Was war denn Ihr Lieblingsschlager in diesem Jahr?«

Carmen Würth erinnert sich nicht an den Titel, aber an die Melodie. Sie summt sich ein, wird sicherer, beginnt ohne Worte zu singen, dann hat sie's: »Marina, Marina, Marina ...« Und ihr Mann fällt mit ein: »... du bist ja die Schönste der Welt.« Vico Torriani hieß der Künstler, sein Lied haben sie vor über sechzig Jahren in Rimini gesungen. Und jetzt singen sie es wieder. Die Liebe zu finden ist das eine Wunder, denke ich, und das andere Wunder ist, sie nicht wieder zu verlieren.

Die Schraubenfabrik

Maschinen lärmen, Feuer lodern, Armaturen, so groß wie Bahnhofsuhren, kontrollieren mit nervösen Zeigern den aktuellen Stand von Druck, Hitze und allem, was man sonst noch unter Kontrolle haben muss, um aus einer Verkettung von Pressen, Gewindewalzen, Kneifmaschinen und Höllenöfen die Schrauben zu fertigen. Bis zu 12 Millionen Stück pro Tag. 2 Milliarden im Jahr. Von 6,50 €/1000 St. für die kleinsten Abmessungen bis 12,50 € pro Stück für die ganz großen Schrauben. Genug der Zahlen. Das Gefühl ist genial. Neben einem dieser Trichter zu stehen und sie herausfallen zu sehen. Oder soll ich herausprasseln sagen? Herausfließen? Wie in einem stählernen Wasserfall. Ein vitalisierender Vorgang, optisch wie akustisch brummt hier die Wertschöpfung und der Zusammenhalt. Die Schraube ist die Mutter aller Befestigungstechnik. Der unscheinbare Zauberstab, der unsere Welt im Innersten zusammenhält.

Und keine Sorge: Nur weil beim Schraubenwerk Gaisbach nicht Würth draufsteht, heißt das nicht, dass nicht Würth drin ist. Eine 100-prozentige Tochter des Konzerns, schon seit den Sechzigerjahren, das Logo hat Reinhold Würth selbst entworfen. Eine einfache Holzschraube, die wie der Turm einer Burg aussieht, und drumherum die Initiale SWG, und alles, auch die Buchstaben, ist streng rechtwinklig angelegt, weil Reinhold Würth schon immer »ein Fan von rechten Winkeln« gewesen ist. Noch heute bekommt er eine Gänsehaut, wenn in einem Konferenzraum der Konferenztisch fünf Grad von der Parallele zur Wand abweicht.

Wo so viel Würth drin ist, obwohl nicht Würth draufsteht, verwundert auch die Führungskultur in der Schraubenfabrik niemanden mehr. Als Alois Wimmer 1991 die Geschäftsführung der SWG übernahm, ließ er als Erstes den Teppichboden aus seinem Büro herausreißen und durch leicht abwaschbares Linoleum ersetzen, damit die Mitarbeiter aus der Produktion sich wieder zu ihm trauen, denn ihre Schuhe waren oft ölverschmiert, und niemand wollte den Teppich des Chefs versauen. Als er das Schichtsystem ändern bzw. anpassen wollte, kam er um fünf Uhr morgens mit vierzig Brötchen, Butter, Marmelade, Eiern, Käse und Kaffee angerauscht, denn eine gute Frühschicht fängt mit einem guten Frühstück an. Gemeinsam wurden sie satt. Gemeinsam wurden sie stark. Gemeinsam wurden sie besser. Teamwork statt Einzelkampf, a) weil es seiner Natur entspricht, die er harmoniebedürftig nennt, und b) weil er damit hundertprozentig auf der Linie von Reinhold Würth unterwegs ist. Wie lange kennt er den Konzernherrn eigentlich, will ich von dem Geschäftsführer der SWG wissen, und Alois Wimmer sagt: »Ich arbeite seit fast dreißig Jahren für den Konzern und somit für Reinhold Würth, aber ab wann kann man sagen, dass man einen Menschen kennt, wenn man ja immer noch damit beschäftigt ist, sich selbst kennenzulernen? Ich bin ihm begegnet, und seitdem begreifen wir uns. Verstehen Sie? Begreifen! Nicht kennen. Das wäre vermessen.«

Alois Wimmer ist ein Freund der Philosophie. Warum? Philosophie heißt Liebe zur Weisheit und Streben nach Erkenntnis. Darum. Und weil er das gern auch mit anderen teilt, ließ er über geraume Zeit alle zwei Wochen den Philosophie-Professor Rohrhirsch in die Schraubenfabrik kommen. Jeder Mitarbeiter, der das wünschte, konnte mit ihm dann zehn Minuten oder auch eine ganze Stunde lang philosophische Gespräche führen. Führungskräften empfiehlt er zudem, jedes halbe Jahr eine Beerdigung zu besuchen. »Die Erkenntnis der Endlichkeit hilft einem zu verstehen, dass Macht immer nur ein Mandat auf Zeit ist.« Macht ist ein großes Thema. Größer als Geld. Verführerischer als Sex. »Willst du den Charakter eines Menschen erkennen, gib ihm Macht«, hatte Amerikas bester Präsident Abraham Lincoln dazu gesagt. Der Familienmensch Alois Wimmer hat das Beste daraus gemacht und 250 Mitarbeiter in einer Art Schrauben-Großfamilie zusammengebracht. Nach allen Regeln der Kunst, von denen die Bitte, keine E-Mails innerhalb der Firma zu verschicken, nur eine ist. Denn wer seinen Arsch über Flure und Treppen in das Büro eines Kollegen bewegt, sagt damit: »Ich habe mich für dich auf den Weg gemacht.« Und noch wichtiger ist der Augenkontakt. »Dialog statt Monolog heißt das Programm.«

Selbstverständlich reicht das nicht. Wer 18 000 Tonnen Schrauben jährlich verkaufen will, braucht neben Philosophie und Psychologie unbedingt auch gute Schrauben und ein treffsicheres Trend-Radar. »Wir müssen sehen, wohin die Reise geht«, sagt Alois Wimmer, »und wir müssen diese Reise mitgestalten.«

Für die SWG bedeutet das die Entwicklung vom reinen Schraubenhersteller zum All-inclusive-Anbieter für quasi alles, was der Ingenieurholzbau braucht, also

Planung, Bemessung, Software, Verbindungselemente und Systemlösungen. Und immer wieder mussten neue Maschinen ran, damit man auch und unter anderem die 1,50 Meter lange Schraube produzieren kann, von denen jede 6,2 Tonnen zu tragen imstande ist.

Roland Janner schenkte mir eine. Als einer der drei Geschäftsführer der Produktion darf er das. Wozu ich diese Schraube jemals brauchen werde, weiß ich nicht. Aber ich wollte sie unbedingt. Als Spazierstock eignet sie sich nicht, denn ihr Gewinde wurde nicht dafür geschaffen, sich in die Hand einzuschmiegen. Aus demselben Grund taugt sie auch als Waffe nur bedingt, obwohl ihre Länge fast der eines Speers entspricht und auch ihre Spitze abschreckende Wirkung haben kann. Vielleicht kann ich sie stattdessen in einen Blumentopf stecken und Pflanzen drum herum ranken lassen, vielleicht nutze ich sie wie einen Fahnenmast am Fenster, vielleicht mache ich ein Kunstobjekt aus ihr und lackiere jede ihrer Gewindewindungen in einer anderen Farbe. Die überlange Regenbogen-Schraube. Wirklich gebraucht wird sie dagegen für anspruchsvolle Dachkonstruktionen und die Zukunft, denn die Zukunft heißt Holzbau. Roland Janner zeigt sie mir gerne.

Aber vorher: Wer ist Roland Janner? Er hat auf der Uni Karlsruhe Wirtschaftsingenieur studiert. »Das ist eine Mischung zwischen BWL und Maschinenbau«, sagte er. Thema seiner anschließenden Doktorarbeit: »Erfolgsfaktoren technologieorientierter Unternehmensgründungen in Baden-Württemberg«. Doktorvater: Prof. Reinhold Würth. 2004 siedelte Roland Janner nach Waldenburg um. Nicht zu seinem Schaden. Roland Janner hat sich gut eingelebt. Er liebt die Landschaft, die Geradlinigkeit der Hohenloher und natürlich die Schrauben. Er liebt sie geradezu mit Leidenschaft. Das ist ihm anzusehen. Wie er sie anfasst, wie er über sie spricht. Roland Janner, der Schrauben-Romantiker, hat mich zum Schrauben-Philosoph Alois Wimmer geführt, und nun führt er mich in die Zukunft.

In Sichtweite ihrer alten Fabrik baut die SWG eine neue Produktionshalle. Sie wird 97 mal 114 Meter groß und zwölf Meter hoch, und fast alles in der fünfschiffigen Halle, die Dachkonstruktion, die Balken, die Stützen, wird aus Holz errichtet. Wie gesagt: Man muss wissen, wohin die Reise geht, und sie dann mitgestalten. Und die Reise geht eindeutig und auch vernünftigerweise in Richtung nachhaltig, klimafreundlich und ressourcenschonend. Holz wächst nach. Holz wächst in der Heimat. Und Holz bindet CO_2. Insgesamt werden durch die Holzbauweise der neuen Schraubenfabrik im Vergleich zu konventionellen Bauweisen mit Stahl und Beton 3600 Tonnen CO_2 eingespart, wenn man die Rechnung auf eine Betriebszeit von 50 Jahren umschlägt. Und würde nun die ganze Welt mehr mit Holz bauen, davon ist Roland Janner überzeugt, hätte sie ein Klimaproblem weniger.

Und die SWG bzw. Würth einen neuen Mega-Markt mehr. Denn für Fachwerkträger mit Balkenspannweiten bis zu 45 Metern werden überlange ASSY-Vollgewindeschrauben gebraucht, so wie meine, auch normal lange und kleine, Hauptsache ASSY. Das Kürzel steht für asymmetrisches Gewinde, das nicht nur leichter reingeht, sondern auch schwerer wieder raus und noch dazu keine Dübel mehr braucht. Eine der zahlreichen Erfindungen des Hauses Würth und für den Konzern patentiert. Und noch etwas: Für die Holzbauweise wird Holzbau-Spezialwerkzeug gebraucht; auch die überlange ASSY-Schraube benötigt einen speziellen Bohrschrauber mit hohem Drehmoment, und das alles und noch viel mehr gibt es bei Würth im Sortiment. Es stimmt zwar, dass die Schraube ein C-Produkt ist, das in der Öffentlichkeit kaum Aufmerksamkeit genießt, aber es stimmt auch, dass man so in Waldenburg auf dem besten Weg zum »Apple der Schrauben« ist.

Ach ja, Waldenburg! Der rund 3000 Einwohner zählende Luftkurort gilt bei der SWG geradezu als Verkehrsknotenpunkt fürs Schraubengeschäft. Rund 600 Kilometer bis Wien, rund 600 bis Hamburg und 560 bis Berlin, aber nur 11 Kilometer bis Künzelsau-Gaisbach. Wo alles begann. Auch für mich. Als ich zum ersten Mal in das Silicon Valley der Schrauben reiste, kam ich mit dem Zug, und Waldenburg war Endstation. Nicht nur für meine Verbindung, sondern für alle. Es fahren keine Züge nach Künzelsau, nur Busse. Der Standort der Schraubenfabrik ist das Ende der Eisenbahnstrecke.

Ich kam ziemlich spät, so gegen 22 Uhr, und wunderte mich über den Bahnhof. Er ist nicht nur klein, er ist eigentlich auch kein Bahnhof mehr, nur noch eine Haltestelle für den Nahverkehr mit Fahrkartenautomat. Im Gebäude ist keine Schalterhalle zu finden und auch kein Warteraum, dafür ein Mini-Museum und ein Lokal namens »Gleis 1«. Wieder wunderte ich mich, denn unweit der Theke spielte eine erstklassige Blues-Band. Ich gab mich der Musik eine Weile hin, dann ging ich auf den Bahnhofsvorplatz, um dort bei einer Zigarette auf mein Taxi zu warten. Weil es nicht aus Waldenburg, sondern aus Künzelsau zu mir unterwegs war, weilte ich länger als gedacht da draußen und sah in die Nacht und ansonsten ins Nichts, jedenfalls kam es mir so vor, denn da waren weder Wohnhäuser noch andere urbane Freuden, keine Geschäfte, keine Friseure, keine Döner-Buden, kein Eissalon. Waldenburg-Kenner wundert das natürlich nicht.

Die Stadt mit der Burg liegt oben am Berg, hier unten sind nur noch der Blues-Bahnhof und der Industriepark. Wegen der Dunkelheit sah ich nicht mal den, und ich hatte nicht den blassesten Schimmer, dass nur ein paar Hundert Meter entfernt 68 Pressen, 68 Gewindewalzen, 25 Kneifmaschinen für Bohrspitzen und 5 Öfen tagein, tagaus und wenn nötig auch nachts Folgendes tun: Der Stahldraht wird maschinell abgerollt, geradegezogen und direkt nach Eintritt in die Presse der Länge des Endprodukts entsprechend abgeschnitten. Vorstauchen, fertigstauchen, Kopf und Antrieb drauf, so kommt er wieder raus als Pressrohling. Bis zu 700 Pressrohlinge pro Minute prasseln wie in einem stählernen Wasserfall aus den Maschinen. Über Beschickungsbunker, Fördertöpfe und Zuführschienen geht die Reise weiter zu den Walzbacken, die unter hohem Druck das Metall umformen und ein Gewinde schaffen. Und nun wirds heiß. Im ersten Ofen um die 900 Grad, um das Produkt zu härten. In einem 70-Grad-Ölbad wird es abgeschreckt, dann muss es noch mal in einen Ofen, um bei 300 Grad Verspannungen zu lösen. Und noch etwas: Eine Presse kostet zwischen 250 000 und 1 000 000 Euro, eine Gewindewalze ist für 200 000 bis 600 000 Euro zu haben, die Kneifmaschinen sind günstiger, sie kosten nur bis zu 100 000 Euro das Stück und die Öfen jeweils zwei Millionen. Um das Bild abzurunden: Der Holzbau der neuen Produktionshalle wird mit 30 Millionen zu Buche schlagen, und wenn man jetzt noch bedenkt, dass eine so potente Firma wie die SWG nur eine von den über 400 Gesellschaften der Würth-Gruppe ist, dann versteht man die Dimension dieses Weltkonzerns, dessen Patriarch noch immer mit seiner

Frau in Portugal weilt, während ich längst wieder in Hohenlohe bin und die Schrauben zähle. Aber in Vancouver werden wir uns alle wiedersehen.

Abschied in Vancouver

19. Mai 2019. Ein Zelt steht am Lincoln Park. Groß genug für die 500 Manager und ein paar Zerquetschte, die gerade aus aller Welt angeflogen kamen. Die Würth Leute aus Südafrika hatten den längsten Weg, für die Kalifornier war's ein Klacks, und für uns Europäer?

»Wir sind heute Vormittag aus Schwäbisch Hall abgeflogen«, sagt Reinhold Würth. »Und Sie?«

»Economy, Herr Professor, elf Stunden von München, aber es war o. k. Die Hälfte des Flugs habe ich mit drei Filmen rumgekriegt, den Rest mit Schlafen. Sie kennen mich ja.«

»Ja, genau.«

Get-Together heißt der Programmpunkt, den wir gerade zelebrieren. Beim Kongress des Konzerns ist die Arbeit erst ab morgen angesetzt, heute schütteln die Führungskräfte aller Gesellschaften ihren Flugstress ab mit dem Westcoast Rock 'n' Roll der Live-Band, kleinen Happen am Büfett und einem leichten Weißwein oder Rosé. Großes Hallo, wohin man blickt, denn viele haben sich seit dem letzten Mal nicht mehr gesehen. Alle vier oder fünf Jahre ruft das Unternehmen zum größten Event der Würth Welt, das letzte Mal war es Barcelona, nun ist Kanada die Kulisse für das Wiedersehen der Führungskräfte des Konzerns samt Gattinnen, Lebensgefährten, Lebensabschnittspartnern, Freundinnen oder wie immer man den Status ihrer Begleitung nennen will, denn so hält es Reinhold Würth nun schon seit mehr oder weniger ewig. Auch bei den ersten Betriebsausflügen in den Fünfzigerjahren zum Stuttgarter Zoo oder in den Schwarzwald waren die »Damen« immer dabei, weil die Frauen der Verkäufer so unendlich wichtig für deren Wertschöpfung waren. Und sind. Früher kostete dies das Unternehmen ein paar Tausender, heute geben sie mehr aus, aber das Prinzip bleibt dasselbe. Familienfest. Und was noch? »Nun, das ist ganz einfach«, schrieb Reinhold Würth als Grußwort in das eigens für dieses Event gedruckte Hochglanzmagazin. »Der Kongress ist selbstverständlich auch ein Marktplatz des Konzernwissens. Ein Marktplatz an Know-how und Sachlichkeit.«

Am nächsten Tag sitzt er im Plenum des Vancouver Convention Centre in der ersten Reihe und hört den beiden Spitzen seiner Spitzenmanager Robert Friedmann und Peter Zürn zu sowie Sir Ken Robinson, einem der weltweit besten und wohl auch teuersten Redner der Welt in den Bereichen Kreativität und Innovation. Und obwohl Sir Robinson von den dreien der Star gewesen ist, weil seine TED-Talk-Videos von 300 Millionen Menschen in 150 Ländern gesehen werden, seine Bücher die Bestsellerliste der *New York Times* anführen, er Regierungen in Europa, Asien und den USA berät und sein schwarzer britischer Humor als unwiderstehlich gilt, hat dem Publikum ein Scherz des Konzernsprechers Friedmann am besten gefallen. 8900 Kilometer lang sei die Grenze zwischen Kanada und den USA, sagte er, und ob man sich vorstellen könne, was Würth verdienen würde, wenn Trump auch da eine Mauer baut. Der Kongress lacht.

Growth, also Wachstum, ist das Motto dieses Würth Welt-Events, und Friedmanns Stellvertreter Zürn wies danach zu Recht darauf hin, dass der Konzern seit seinem Bestehen nur vier Jahre nicht gewachsen sei. 2018 sei das erfolgreichste aller erfolgreichen Jahre gewesen, und 2019 habe man bereits bis zum April 7,1 Milliarden Euro umgesetzt. Wenn das so weitergehe, könnten sie bis 2025 ordentlich weiterwachsen. Und warum, bitte schön, solle es nicht so weitergehen? Die Hälfte aller im Plenum Anwesenden hätte ja ihre 100 Prozent Planerfüllung erreicht; wenn jetzt die andere Hälfte da mitzuziehen beginne, sei es so weit. Also, let's double it!

Ob man das Glas nun halb voll oder halb leer nennt, ist Geschmackssache. Aber wahrscheinlich muss man beides immer zusammen sehen. Denn der, der alles nur positiv sieht, verliert schnell die Realität aus den Augen, und der, der immer nur das Negative sieht, noch schneller die gute Laune. Gefeiert wird selbstverständlich nur das halb volle Glas, die langjährig verdienten Manager werden auf die Bühne gerufen, und Bettina Würth überreicht ihnen die goldene Ehrennadel des Konzerns, zunächst die mit einem, dann die mit zwei Brillanten, und danach ist ihr Vater dran.

Reinhold Würth betritt die Bühne. Obwohl sie sehr groß ist und er allein darauf steht, füllt er sie völlig aus, was nicht nur daran liegt, dass er auf der Videoleinwand über ihm und übergroß auch noch mal zu sehen ist. Das Charisma des Patriarchen hat die Bühne und das Plenum im Griff. Und er ist ein guter Redner. Ein sehr guter, wenn man ehrlich ist. Er hat in seinem Leben als Unternehmer, Professor, Mäzen und Würdenträger tausend Mal und mehr auf der Bühne gestanden, tausendundeinen Vortrag gehalten und, wenn man noch mal ehrlich ist, im Grunde tausendmal dasselbe erzählt. Das machen alle, die etwas zu sagen haben.

»›Danke‹ ist das wichtigste Wort im Umgang miteinander«, sagt Reinhold Würth gleich zu Beginn wieder einmal. Ein Dank, der jedem im Saal gebührt und natürlich auch jedem Mitarbeiter, der heute nicht hier ist. Auch der Ozean sei aus vielen kleinen Tropfen zusammengesetzt, so wie die Umsatzmilliarde aus vielen kleinen Schrauben. Und denen, »die mit Nichtplanerfüllung brillieren«, sei empfohlen, sich mal Gedanken darüber zu machen, ob es nicht doch an ihnen selbst liegt. Und nicht an irgendwelchen Schwierigkeiten in ihrer Region. Überhaupt sei es geradezu irrwitzig, bei einem Marktanteil von 4 Prozent zu glauben, noch mehr Wachstum ginge nicht. Ich hörte diese Zahl nicht zum ersten Mal, doch wieder verblüffte sie mich. Man braucht nur 4 Prozent, um Weltmarktführer zu sein? Dann hat der Professor recht. Die Arbeit fängt erst an. Also raus aus dem Phlegma, raus aus der Apathie.

»Wind hineinbringen«, nennt es Reinhold Würth. Er war der große Windmacher immer und überall. Druckfaktor 1, eifriger Normalbetrieb, zweistelliges Wachstum aus Prinzip, und jetzt, mit 84, dreht er noch immer an der Windmaschine, aber er spricht auch über den Zustand des Werdens, des Seins und des Vergehens, dem jedes Unternehmen wie jeder Mensch unterliegt. Es gibt keinen Konzern für die Ewigkeit. Aber angesichts der 4 Prozent Marktanteil und der 96 Prozent Wachstumspotenzial liegt vor der Würth-Gruppe noch eine halbe Ewigkeit. Aber nicht vor ihm. »Es ist gar nicht ausgeschlossen, dass dieser Kongress mein letzter ist«, sagt Reinhold Würth, und der Kongress hält mal kurz die Luft an. War das gerade sein Abschied? Doch don't worry, be happy. Das Feld ist brillant bestellt.

Alle haben hier sichere Arbeitsplätze, solange sie gut arbeiten, und die Welt wird immer Schrauben brauchen. »Was könnte uns da bremsen?«, sagt Reinhold Würth. »Egal, ob ich da bin oder nicht.«

Mittagspause. Das Vancouver Convention Centre hat zweimal den AIPC-Award als weltbestes Kongresszentrum gewonnen. Lichtdurchflutet und ökologisch inspiriert, denn Glas dominiert die Fassade, und das Dach ist mit einer Wiese begrünt, auf der unter anderem Vögel nisten und Bienenvölker leben. 57 000 Quadratmeter, eine unterirdische Flaniermeile als Verbindung zwischen den Ost- und Westteilen, und von der weitläufigen Terrasse sieht man die Wasserflugzeuge in Richtung der Berge von Britisch Columbia abheben. Das Kongresszentrum wie auch unser gegenüberliegendes Hotel stehen direkt am Hafen von Vancouver, direkt am Meer, oder besser an dem Meeresarm, der die Welten trennt, denn das hier ist eine Insel, und das da drüben ist das Festland, mit den Wäldern, den Bergen, den Bären.

Der Nachmittag gehört den Arbeitsgruppen, kleinen Bühnen und internen wie externen Experten zu so modernen Themen wie »Storytelling for Change. How to craft an emotional narrative that mobilizes your audience«. Der Vortragende Julius van de Laar hatte schon Barack Obama bei dessen Wahlkampf gedient. Oder »Working with Megatrends«, ein Referat, das der Zukunftsforscher Franz Kühmayer hält, oder »How to Sell Online« oder »The Impact of Google on Your Life, Work and Future« und so weiter und so fort. Zwischendurch gibt es Modenschauen von der Tochtergesellschaft Würth Modyf, weil die Arbeitskleidung von Handwerkern, Mechanikern und Bauarbeitern ja ebenfalls im weitesten Sinne zum Handel mit Befestigungsteilen gehört. Gut aussehende junge Menschen führen tanzend vor, was man heute auf dem Bau so trägt, und das Ganze ist mit Rap unterlegt. Geile Nummer. Und ich fress einen Besen, wenn das nicht die Handschrift seiner Tochter oder, nein, die seiner Enkel Sebastian und Benjamin trägt, denn sie haben sich in führenden Positionen des Konzerns etabliert. Beide sind auch noch zugegen. Aber den Patriarchen sehe ich erst beim Abendessen wieder.

Die Kongressteilnehmer sind aufgrund ihrer schieren Menge auf vier Restaurants verteilt. In einem davon belegen die Würths den längsten Tisch. Ein gutes Dutzend Familienmitglieder, darunter ihre Tochter Marion und deren zwei Söhne Sebastian und Benjamin samt deren Verlobter bzw. Ehefrau sowie Bettinas Tochter Maria und ihr Mann, und in ihrer Mitte saß das Paar, ohne das sie alle nicht hier wären, nicht in Vancouver, nicht auf dieser Welt. Ein Stammbaum als Tischgesellschaft.

Benjamin Würth, der mittlerweile einer der Spitzenmanager des Konzerns geworden ist, hatte heute viel zu tun. Gute Geschäfte mit der größten Autohauskette der USA bahnen sich für ihn an. Sein Bruder und Managerkollege Sebastian hatte ebenfalls einen bis oben hin vollen Tag.

»Beides gute Buben«, sagt Reinhold Würth. Und seine Enkelin Maria kann irgendwann einmal die Kultur-Abteilung bei Würth übernehmen, denn a) hat sie in Tübingen und Zürich Kunstgeschichte studiert und b) arbeitet sie bereits im Konzern. Maria sitzt ihrem Großvater gegenüber. Sie unterhalten sich gerade sehr intensiv. Worüber, weiß ich nicht, denn ich sitze am Tisch daneben, aber es ist mir auch gar nicht so wichtig zu wissen, was sie reden, es reicht zu beobachten, wie sie es tun. Wenn Liebe die Quelle aller Worte ist, dann ist das einfach schön anzusehen. Der Patriarch und seine Enkelin beugen sich über den Tisch zueinander. Das Werden, das Sein, das Vergehen, und trotzdem ist kein Ende abzusehen, denn die Würths wachsen weiter, in die Urenkel-Generation.

Marias Mutter und ihr Vater sind bei mir, außerdem ist noch ein Mann von Google in unserer Runde, ein Österreicher aus dem Silicon Valley, der mich zu einer Frage bezüglich der Zukunft inspiriert. Ich frage ihn also, ob er sich eine künstliche Intelligenz vorstellen kann, die man als Nachfolger von Reinhold Würth im Unternehmen einsetzen kann. Seine Prinzipien, seine Moral, seine ehernen Grundgesetze sind in ihr unwiderruflich einprogrammiert. Darüber hinaus ist die künstliche Intelligenz lernfähig, sie saugt alles Neue, alle Veränderungen, allen Wandel ein. Und passt das ewig Wandelnde dem ewig Beständigen an. Sie führt das Unternehmen nicht, aber sie hat bei allen wichtigen Entscheidungen ein unbedingtes Vetorecht. Und das Aussehen des Chefs. Ein digitaler Professor Würth steht im Konferenzraum, ähnlich wie in *Star Wars*, und sagt: »Selbst schuld, aber wenn ihr wieder alles richtig macht, seid ihr mich auch wieder los.« Meine Frage an den Experten ist: »Seid ihr im Silicon Valley schon so weit, um so etwas hinzukriegen? Oder ist es zumindest schon vorstellbar?« Und was antwortet der Google-Mann? »Das ist eine interessante Idee.«

So gehen sie dahin, die Tage in Vancouver. Plenum, Arbeitsgruppen, gesellige Abende. Nur der vierte, der »Aktivtag«, führte hinaus in die kanadischen Wälder, um, wie der Name schon andeutet, aktiv zu werden. Um zu zeigen, was man in der Gruppe so draufhat, wenn es nicht um Geschäfte geht. Dafür musste sich jeder Teilnehmer entscheiden, welches Totemtier der hier ansässigen Ureinwohner am ehesten seinem Wesen entspricht. Ist er eher ein Kolibri, ein Bär, ein Adler, ein Schmetterling oder ein Wolf? Ich wähle für mich den Wolf, denn er steht für Familiensinn, Innovation, Loyalität und Unabhängigkeit, außerdem werden ihm die stärksten übernatürlichen Fähigkeiten nachgesagt, und er jagt sehr gern. Was uns genau erwartet, wird vorher nicht verraten, aber dass es bewegend wird, ist klar. Ich freue mich drauf, und auch auf die abschließende Sause, den »Kanadischen Abend«. Und dann?

Die Kanadier sind wie die US-Amerikaner. Sie frieren gern. Bei Außentemperaturen um die 17 Grad ist in meinem Hotelzimmer die Klimaanlage auf 17 Grad eingestellt, ich weiß nicht, warum. Auch Reinhold Würth, der Vielgereiste, weiß es nicht. Er hat sich schon oft darüber beschwert. Ich glaube, alle Europäer schütteln den Kopf über diese unnötige, ungemütliche, ungesunde Energieverschwendung. Ich stellte zwar die Klimaanlage in meinem Raum ab, sobald ich ihn betreten hatte, aber beim Frühstück im Hotelrestaurant ging es ja wieder los, dieses nur Unheil bringende Gebläse, und schon zwei Tage bevor es in die Berge ging, habe ich mir eine leichte Erkältung zugezogen, aus der eine fette wird. So will niemand in die Wildnis, um seinen Mut und seine Teamfähigkeit zu erproben. Ich auch nicht.

Deshalb verbringe ich den Aktivtag im Bett.

Manchmal, aber wirklich nur manchmal, also viel seltener als üblich, gehe ich hinaus, um vor dem Hotel zu testen, wie krank ich bin. Schmeckt die Zigarette schlecht, steht's schlimm um mich. Sie schmeckt mittelmäßig, das heißt, ich könnte zumindest am »Kanadischen Abend« teilnehmen. Sitzend den Ureinwohnern beim Tanzen zuzusehen wird schon gehen. Ich suche auf der Kongress-App nach der Adresse der Lokalität und stelle fest, dass sie nicht wie alle Abendveranstaltungen um die Ecke ist, sondern auch irgendwo da draußen in den Wäldern. Das wird also auch nichts. Spät am Abend kommen alle zurück. Was sie mir erzählen, gibt mir recht. Sie mussten auf Mountainbikes die Berge rauf, die Berge runter, sie mussten an Stahlseilen durch respektable Höhen, und Bären haben sie aus der Nähe gesehen.

Reinhold und Carmen Würth treffe ich am nächsten Morgen im Foyer des Hotels auf ihrem Weg zu der Limousine, die sie zur Falcon bringen wird. Ich verabschiede mich von ihnen. »Sie waren gestern nicht dabei?«, fragt Reinhold Würth. »Nein, ich war krank. Ich bin's immer noch.« Und schon während meiner Antwort fällt mir ein, dass er mal gesagt hat, er sei während seines gesamten Arbeitslebens insgesamt an fünf Tagen krank gewesen – oder präziser: wegen einer Krankheit nicht arbeitsfähig. Und ich verstehe sein enttäuschtes Gesicht.

Abschied in Künzelsau-Gaisbach

1. Oktober 2019. Das Carmen Würth Forum gibt es seit 2017. Der Konzernherr widmete das Haus seiner Frau zum 80. Geburtstag. 170 000 Quadratmeter Grundfläche, zwei Säle, Terrasse, Vorplatz. Der Architekt Sir David Chipperfield, von der Queen für seine Verdienste um die britische Architektur in den Adel erhoben, aber auch wegen seiner Verdienste um die deutsche Baukultur ein Bundesverdienstkreuzträger wie sein Auftraggeber, verbindet gerne die klassische Moderne mit der japanischen Architektur. Er hat unter anderem (und dieses »unter anderem« ist sehr ernst gemeint) das Kunsthaus Zürich, das Mughal Museum Agra, das Metropolitan Museum New York, den Elbtower Hamburg, BBC Scotland, und die Valentino Flagshops in London und Rom gebaut. Und nun Künzelsau-Gaisbach.

Die Wanderschaft des Makro- in den Mikrokosmos ist auch in dem Skulpturengarten vor der Halle schön anzusehen: Tony Cragg, Georg Baselitz, Niki de Saint Phalle, Anthony Caro, Eduardo Chillida, die Werke der Weltklasse-Bildhauer stehen unter dem Himmel der Provinz, als gehörten sie dahin. Dazu gesellen sich in zeitnahen Wechseln Weltdirigenten, Weltorchester, Weltstars und Harald Schmidt. Der Olymp gastiert in Hohenlohe, wann immer Professor Würth es will. Und Mick Jagger trat zwar noch nicht im Carmen Würth Forum auf, nächtigte aber im knapp 20 Kilometer entfernten Wald & Schlosshotel Friedrichsruhe, das ja auch zur Würth-Gruppe gehört. Das ist nicht schlimm, im Gegenteil, es hat seinen Sinn, dass hier fast alles ihren Namen trägt, was gut aussieht und Gutes bewirkt. Museen, Schulen, Kunsthalle, Kulturhaus, Bibliothek. In alten Gemäuern, historisch korrekt restauriert, wird die heimische Küche auf Sterne-Niveau zelebriert, und in der Johanniterkirche in Schwäbisch Hall hängt nicht irgendein frommes Bild, sondern dank Würth die »Madonna von Holbein«. Aber auch der nicht direkt von Würth gekaufte und herausgeputzte alte Teil von Künzelsau sieht dank der Gewerbesteuern des Konzerns und anderer Weltmarktführer dort wie dreimal täglich gelecktes Fachwerk aus. Die Region blüht und gedeiht, man hat Einkommen, man hat Wein, und zur Feier des 70. Arbeitsjubiläums von Reinhold Würth findet sich auch gern Baden-Württembergs Ministerpräsident Kretschmann im Carmen Würth Forum ein.

Siebzig Jahre Arbeit. Sechzehn Stunden am Tag. Mit einem Ochsenfuhrwerk fing es an, oder mit einem Leiterkarren, vor dem er selbst der Ochse war, hat er die Schrauben zum Kunden gebracht. Seitdem arbeitet Reinhold Würth, weil Arbeit für ihn »die intelligenteste Form der Freizeitbeschäftigung« ist. Das hat er mal gesagt. Auch hat er mal das Gründen und Führen eines Unternehmens mit dem Aufbau und der Inbetriebnahme einer Modelleisenbahn verglichen. Oder mit der Arbeit eines Dirigenten, der ein Symphonieorchester zum Klingen bringen will. Reinhold Würth hat sein Leben dem Unternehmen gegeben, und es hat ihm nicht nur Spaß gemacht, es ist auch vollbracht. Sein Werk ist ein gesunder Gigant, der wohlgemut nach vorne schaut, denn auch in ferner Zukunft werden Schrauben gebraucht. Davon ist mein Tischnachbar überzeugt.

Mein Tischnachbar ist eine Führungskraft der Schraubenfabrik Gaisbach. Meine Frage, ob er sich eine schraubenlose Zukunft vorstellen kann, verneint er. Selbst in seinen kühnsten Träumen kann er sich das nicht vorstellen. Außerdem sitzen Reinhold Würths bezaubernde Sekretärinnen mit zu Tisch sowie Martin, sein Bodyguard, und Andy, sein Arzt. Von den Fähigkeiten seines Personenschützers weiß ich mittlerweile mehr. Er hatte bei der Antiterror-Ausbildung nicht nur gelernt, wie man gleichzeitig schießen, telefonieren und ein Auto mit den Knien lenken kann, er musste dabei auch noch während der Fahrt und unter Beschuss Kreuzworträtsel lösen. Der Security-Mann aus Salzburg ist ebenfalls zugegen, und zählt man die Bewacher des Ministerpräsidenten dazu, kann man sich hier mit Fug und Recht ziemlich in Sicherheit fühlen.

»Das Leben vergeht wie ein Wimpernschlag«, sagt Reinhold Würth, der nach all den Rednern und Gratulanten eben in diesem Moment als Letzter die Bühne betrat. Er spricht zu seiner Familie, seinen Mitarbeitern, seinen Gästen, und wie in Vancouver hört es sich nach Abschied an, aber in Künzelsau wird er viel emotionaler. Da steht er nicht als Konzernherr, Patriarch und einer der erfolgreichsten deutschen Unternehmer der Nachkriegszeit, sondern als Mensch, der übers Menschsein spricht. Und das, was der 84-Jährige jetzt sagt, ist allein schon deshalb so wahr, weil es der Erfahrung entspringt, und ich wiederhole es gern auch noch einmal: Vom Käseladen zum Weltkonzern, von der Cessna zur Falcon, vom Schulabbrecher zum Professor, vom Jungunternehmer zum Patriarchen ging das Leben dahin wie ein Wimpernschlag, und immer war sie an seiner Seite. Er hat Tränen in den Augen, als er von seiner Frau zu sprechen beginnt. Er bittet sie auf die Bühne, damit er ihr einen Kuss geben kann.

Die Würth Band spielt auf. Der Konzern hat auch einen Chor und ein eigenes klassisches Orchester, die Würth Philharmoniker, aber die können keinen dahinfließenden Jazz spielen, der wie ein fliegender Teppich die Stimmung anhebt, während die rund 500 Gäste die Aufmerksamkeiten des Panorama Catering genießen, das selbstverständlich ebenfalls zum Konzern gehört. Als sich Reinhold Würth irgendwann an unseren Tisch gesellt, ist er längst wieder fröhlich und zukunftsorientiert. Er lädt mich ein, morgen mit ihm nach Stuttgart zu fahren, wo er ein drittes Mal Abschied nehmen wird. Wenn ich um 14 Uhr am Schloss Hermersberg bin, nimmt er mich mit.

Die Schlösser

Er hat zwei. In einem wache ich auf. Reinhold Würth hat es 2005 dem Fürsten von Hohenlohe abgekauft. Den Adligen diente es seit 1712 als Jagdschloss, was vernünftig klingt, denn drum herum ist viel Wald. Nun ist es ein Hotel für den 5-Sterne-Adel der Moderne mit allem Drum und Dran. Schlosspark, Bäume, Spa, Außen- und Innenpools, drei Restaurants, ein Golfplatz und nicht zuletzt eine Smoking-Lounge, was für die Toleranz des nicht rauchenden Eigentümers spricht. Und auch für seine Konsequenz. Der Gast ist König und kein Penner, und solange es noch Könige gibt, die rauchen, kann man sie nicht guten Gewissens nach draußen in den Regen schicken und auch nicht in eine Art größere Besenkammer, sondern man lässt sie im englischen Landhausstil und in Ledersesseln ihre Sucht genießen. Reinhold Würth hat viele Hotels gesehen. Manche waren schön, aber logistisch ein Albtraum, manche waren erstklassig organisiert, aber schrecklich möbliert. Im Wald & Schlosshotel Friedrichsruhe bündelte er seine Reise-Erfahrungen zu einem perfekten Ort. Perfektion ist ein großes Wort. Harmonie auch. Und Ruhe ebenso. Selten habe ich so lange einfach nur ruhig in einem Ohrensessel gesessen wie hier in dem der Fürstin von Hohenlohe. Mit ihrem Schreibtisch neben mir.

Sein anderes Schloss steht nur ein paar Kilometer entfernt. Das kennt Reinhold Würth seit Kindesbeinen. Auf Wanderungen mit seinen Eltern hat er es gesehen, auch auf Schulausflügen zur »Hitlereiche« während der Nazizeit. Er weiß nicht mehr, warum der unschuldige Baum diesen Namen trug, und er weiß auch nicht mehr, was er damals dazu sagte. Alles, woran sich Reinhold Würth heute noch erinnern kann, ist die Ohrfeige, die ihm die Lehrerin auf seinen Kommentar hin verpasste: »Sie hatte beide Söhne an der Front verloren, aber sie war noch immer eine zu hundert Prozent überzeugte Nationalsozialistin.« Darüber hinaus hatte man von der Hitlereiche einen fabelhaften Ausblick auf das Schloss Hermersberg, und 1970 kaufte Reinhold Würth es endlich dem Fürsten zu Hohenlohe-Öhringen ab. Endlich, weil höchste Zeit. Die historischen Gemäuer machten mittlerweile den Eindruck, als habe man dort seit dem 15. Jahrhundert nichts mehr repariert. Vier Jahre wurde es renoviert, seitdem ist es der Familiensitz der Würths. Ihr Zuhause. Ihr Schloss. Ihr 0,9 Hektar großer Privatsee, den Reinhold Würth Weiher nennt, was zutreffender ist, denn er ist kleiner als ein See und größer als ein Teich, und der 84-Jährige zieht noch immer in ihm seine Runden, solange die Wassertemperatur mitspielt. Sinkt sie unter 18 Grad, schwimmt er im Innenpool. Wohnen wie ein Fürst in Hohenlohe, das hört sich unbescheiden an, sieht aber anders aus, auch schon von Weitem. Da steht ziemlich siedlungsfern und bar jeder Nachbarschaft ein Anwesen zwischen Wäldern und Wiesen, das auch ein Gutshof sein könnte oder ein winziges Dorf. Erst wenn man hereingefahren ist, fallen die Türme auf und wie dick die Mauern sind.

Drinnen regiert wie in allen Würth Welten, die ich

bisher sah, eine Kombination aus Geschmackssicherheit und unbegrenzten Mitteln, das heißt, man sieht den materiellen Wert der Dinge nicht, nur den ideellen, man sieht ihre Schönheit. Oder ihre Gemütlichkeit. Treppchen, die hierhin wie dorthin führen, Sitzlandschaften für jede Gelegenheit, Kamine, Kunst und Kissen summieren sich zu einem Kuschelschloss mit Rittersaal und fabelhaften Tischen. Carmen Würth hat ein Händchen für Tische, und am besten gefiel mir der, an dem ihr Mann Zeitungen liest oder einfach nur aus dem Fenster schaut und auf den Weiher blickt. Es ist heimelig. Drinnen wie draußen.

Der Vorplatz mit den Betriebsgebäuden des Schlosses wirkt wie ein Dorfplatz mit Lädchen. Ihre Tochter Marion betreibt einen Demeterhof im Weiler, und in diesem efeuumrankten Tante-Emma-Lädchen verkauft man ihr Bio-Brot, ihr Bio-Obst, ihr Bio-Gemüse und die Eier glücklicher Hühner. Woran erinnert mich das alles? Ich sag's mal so: Zuerst fiel mir das glückliche Auenland im *Herrn der Ringe* ein, dann die Märchen ganz allgemein, ein bisschen Pippi Langstrumpf, ein bisschen Schwabenstreich, ein bisschen superheiles Hohenlohe.

Das dritte Schloss in diesem Kapitel gehört ihm nicht. Es steht im Herzen von Stuttgart und beherbergt das Landesmuseum Württemberg, dessen Förderverein Reinhold Würth seit 22 Jahren als Vorsitzender ehrenamtlich dient, was er nun keinen Tag länger zu tun gedenkt. Mit seinem Auto werden wir dorthin gefahren. Egal, wie viele Zylinder es hat, egal wie viele Pferdestärken, auf der Autobahn nach Stuttgart werden alle Autos gleich. Eine überforderte Infrastruktur schafft gerechte Verhältnisse. Ob Milliardäre oder arme Schlucker, hier kommen alle gleich langsam vom Fleck. »Haben

Sie eigentlich noch mehr Schlösser?«, frage ich Reinhold Würth, und er lacht. »Nein, nur die zwei, mehr nicht.« Aber sie haben noch mehr Hotels. Eines davon gehört seiner Frau allein. Es war ihre Idee, ihr Konzept, ihre Herzensangelegenheit. In dem Hotel, das den Namen ihrer tödlich verunglückten Enkeltochter Anne-Sophie trägt, sind etwa ein Drittel der Mitarbeiter Menschen mit Behinderung. Ein Integrationsmodell, das blendend funktioniert. »Aber rechnet es sich auch, Frau Würth?«, frage ich, und sie hört mich zuerst nicht, weil ich hinten in der Limousine sitze und sie vorn. Außerdem ist sie gerade in den Text eines Liedes vertieft, das ein Knabenchor heute Abend zu Ehren ihres Mannes vortragen wird. »Frau Würth«, ruft der heiter nach vorn, »der Herr Timmerberg hat eine Frage«, und ich stelle sie noch einmal. »Nein«, sagt sie, »leider nicht.« Aber es ist eine Perle von Hotel. Dass ich trotzdem lieber im Wald & Schlosshotel Friedrichsruhe wohne, hat ausschließlich mit meiner Nikotinsucht zu tun, denn im »Anne-Sophie« gibt es keine Raucherlounge. Ich versichere das Carmen Würth gern ein weiteres Mal, was ihren Mann weiter heiter stimmt.

Seine gute Laune verflüchtigt sich auch in Stuttgart nicht. Zum letzten Mal leitet er im Landesmuseum eine Sitzung des Fördervereins, wieder nimmt er Abschied, aber dieses Mal sehr fröhlich. Er lacht, statt zu weinen, und der Bankdirektor, dem er sein Amt als Vorsitzender übergibt, ist auch nicht schlecht. Der weist in seiner launigen Antrittsrede gleich mal zu Anfang darauf hin, dass sich Bankdirektor zwar gut anhört, aber er de facto auf dem Geldsack anderer Leute sitze, nicht auf seinem. Das war bei seinem Vorgänger wahrlich anders, und darum danken ihm hier alle. Ohne Reinhold Würth würde das Landesmuseum im alten Schloss nicht so tipptopp aussehen – nur das Glasdach, mit dem sie den Schlosshof überdachen wollten, damit er auch bei Regen begehbar ist, haben sie beim Ordnungsamt nicht durchgekriegt. Und natürlich hat auch bei der Qualität der Ausstellungen sowie den Ausstellungsstücken Europas größter Kunstsammler die Latte hoch gelegt. Und wie sehr die Stuttgarter das zu schätzen wissen, wird bei dem Fest zu seinen Ehren offenbar, das um 19 Uhr beginnt.

Zwei Säle. Einer für Brezel, Wein und munteres Beisammensein, einer für die Festreden und den Knabenchor. Beide Säle sind groß, und in beiden hängen jede Menge Luftballons. Nicht 99, eher 999, jedenfalls wirkt es so, als wenn es fast tausend Luftballons wären, und auf jedem steht »DANKE«. Und wieder ist Reinhold Würth von allen Rednern der beste, weil er der entspannteste und zu allerlei Scherzen aufgelegt ist, die aber nicht jeder versteht. Er spricht über miserable Investitionen, die in jedem Unternehmen vorkommen können und auch in jedem Knabenchor. Wenn, um ein Beispiel zu benennen, ein eigens für ihn geschriebenes Loblied wochenlang eingeübt werden muss, um schließlich nur einmal vorgetragen zu werden, wie das Werk, das sie gleich für ihn singen werden, dann ist das eine miserable Investition. Ein gut gemeinter Scherz, der Bescheidenheit demonstriert, aber einige Knaben reagieren irritiert. Sie singen das Loblied trotzdem.

Es gibt auch einen Running Gag an diesem Abend. Günther Oettinger, CDU Politiker, Ex-Ministerpräsident von Baden-Württemberg und nun schon seit vielen Jahren ein mächtiger EU-Kommissar, stand ebenfalls auf der Rednerliste, aber sein Flug aus Brüssel ist gecancelt worden. Er nimmt den nächsten. Das war die erste Information. Nach jeder Rede und jedem Lied kam eine weitere. Er ist abgeflogen. Er ist in Frankfurt gelandet. Jetzt steht er in einem 10 Kilometer langen Stau auf der Autobahn. Ich schrieb es ja schon: Die Mächtigen und die Ohnmächtigen, im Stau vor Stuttgart sind sie alle gleich. Oettinger schafft es erst, nachdem der offizielle Teil beendet ist und alle wieder bei Brezeln, Wein und kunstaffinem Small Talk sind. Aber einen Vollblutpolitiker wie ihn irritiert das nicht. Er schnappt sich das nächstbeste Mikrofon, stellt sich in die Menge und legt mit der letzten Dankesrede des Abends los.

»Das war ja wieder mal ein interessanter Tag«, sagt Reinhold Würth zu mir, als wir so gegen 22 Uhr in sein Auto steigen. Ich stimme zu. »Aber Sie und der Oettinger waren die Einzigen, die reden können«, sage ich, und nach einer kurzen Pause, denn ich brauche Anlauf und ein bisschen Mut, frage ich ihn, ob er den Ausdruck »Bühnensau« kennt. Er nickt und lacht. Und ob er weiß, dass es zwar ein derbes, aber positives Prädikat ist. Das weiß er auch. Also dann und mit Verlaub: »Sie sind eine Bühnensau, Herr Professor.«

Endlich den richtigen Ton getroffen, endlich unverkrampft, genieße ich an seiner Seite die Fahrt durch die Nacht, weil jeder das tut, was er am liebsten macht. Er hört den Nachrichten im Autoradio zu, ich halte ein Nickerchen. Erst zwischen den Wiesen und Wäldern von Hohenlohe wache ich wieder auf. Und als wir in Hermersberg sind, werde auch ich noch einen Dank los. Ich denke dabei an Portugal, ich denke dabei an Kanada, ich denke dabei an meinen Blackout auf seiner Jacht, und natürlich denke ich dabei auch an all die letzten Fragen, die noch nicht gestellt worden sind. »Ich danke Ihnen für Ihre Geduld«, sage ich beim Abschied, und er erschrickt ein bisschen. Dann geht er in sein Schloss.

Die Kunst vor den letzten Fragen

»Ich bin halb Max, halb Moritz. Einer spielt dem anderen Streiche.«

Ein Satz von Tomi Ungerer. Daneben ein aus Pappe geschnittenes Krokodil. Ich habe Ähnliches oft gesehen. Im Kindergarten, im Kinderzimmer, auch meine Töchter haben so etwas gern gemacht, als sie klein waren. Aber niemand kam auf die Idee, es einzurahmen und in ein Museum zu hängen. Es wollte auch niemand kaufen, es hatte über den Spaß hinaus keinerlei materiellen Wert. Worin besteht der Unterschied zu Tomi Ungerers Arbeit? Warum ist das eine kindlich und das andere Kunst?

Ich frage mich das im Würth Haus Rorschach. Auch hier ist ein Museum integriert. Freier Eintritt und freier Blick auf den Bodensee von der Terrasse aus. Vor mir das Krokodil. In mir die Antwort. Tomi Ungerer hatte sich mit seinen rund 40 000 Werken die Autorität geschaffen, alles zu Kunst werden zu lassen, was er anfasste.

»Jedes Objekt hat etwas zu erzählen. Und hat es keine Geschichte, schenke ich ihm eine Idee.«

Wieder ein Satz von ihm an einer Wand von Würth.

Darunter alte Spaten mit Gesichtern. Die Augen sind Schrauben, die Nasen kurze Eisenstiele, und der Rost in seinen unterschiedlichen Pigmentierungen gibt den Spatengesichtern Individualität. Dass ich so lange vor ihnen verweile, hat mit meinem Hexenschuss zu tun. Ich bin selten in Museen und wenn doch, dann gehe ich zu viel. Man muss stehen. Oder sitzen. Mein Rücken hilft mir, das zu verstehen. Ich sehe mir seit geraumer Zeit einen dieser Ungerer-Spaten an und frage mich, warum er so traurig aus den Schrauben schaut. Wie viele Jahrzehnte hat er sich in Erde, Kohle, Sand oder Schotter zu schaffen gemacht, in Schlamm und Dreck. Ein Werkzeug fürs Grobe. Und nun Kunstobjekt. Durch den Zauber der Genialität. Das ist doch kein Grund zur Traurigkeit. Oder gefällt dem Spatengesicht nicht, dass es so komisch ist? Will es ernst sein, erhaben, vielleicht sogar schön? Das wäre unbescheiden und auch ein bisschen undankbar. Tomi holte sie aus dem Dunkel der Erde ins helle Museumslicht. Und wenn ihnen das ein Trost ist: Sie sind auch nicht mehr billig. Sie sind keine unterprivilegierten Arbeiter-Spaten mehr, sondern eine Wertanlage.

Blätter fallen vom Baum. Manche vertrocknen vor Ort, manche wehen mit dem Wind irgendwo anders hin, und dann gibt es noch welche, die Ungerer in die Hände fielen und zu Kranichen wurden. Das Blatt ist ihr Korpus, und der Stiel ihr langer, dünner Hals. Den Kopf, den Schnabel und die Beine hat Tomi Ungerer mit ein paar Strichen ergänzt. Er schwelgt geradezu im Minimalismus. Der Meister des Auslassens braucht nur ein paar kleine, angedeutete Wellen, und schon sieht man den ganzen See, in dem die Kraniche stehen. Das ist nicht komisch, das ist schön.

Ungerer: »Ich liebe Tiere, aber ich treibe keinen Kult

mit ihnen. Wir können viel von ihnen lernen, sie aber nichts von uns. Sie gehen nicht in die Kirche, sie gehören keiner politischen Partei an, und ihre Philosophie beschränkt sich auf eine Strategie des Überlebens.«

Katzen. Der Künstler liebte sie. Sie gehören zwar zu den Fressfeinden der Kraniche, die er auch liebte, aber sie können ja nichts dazu. Die Flieger-Katze mit Pilotenbrille, die Piraten-Katze mit Stirnband und Augenklappe, Cleopatra als Katze, die Teufels-Katze, die psychedelische Katze sowie die klassische, übergeschminkte Tussi-Katze im Forum Würth Rorschach tun irgendwie meinem Rücken gut. Ich schleppe mich weiter durch die Tomi-Ungerer-Ausstellung. Schon wieder ne Katze. Als Einkaufstüte. Für das Zürcher Kaufhaus Globus entworfen. Diese Katze nahmen alle Kunden des Kaufhauses mit nach Hause. So kommt Kunst unter die Leute, und nun frage ich mich: Hat Reinhold Würth auch mal bei Globus eingekauft? Oder ist das hier das Original? Eine rein rhetorische Frage, gewiss, aber mir gefällt der Gedanke. Ein Milliardär, der nach dem Besuch des Kaufhauses die Einkaufstüte in seine Kunstsammlung aufnimmt, wäre als Sammler so frei wie der Künstler.

Tomi Ungerer war frei, weil er so gut war. Er hatte es zu einer Meisterschaft gebracht, die wie Spielerei rüberkommt. Er akzeptierte alle Stile, alle Materialien, alle Medien. Er hatte keine Berührungsängste, keine No-Gos. Weder die Welt des Trivialen noch die des Kommerzes beleidigten seine Kreativität. Er schuf Kunst auf Kaufhaustüten, in Kinderbüchern und in Urlaubsmagazinen sogar Geschäftsberichte von Konzernen illustrierte er, wie zum Beispiel den der Würth-Gruppe des Jahres 2010. Ein Mann klettert auf einer Leiter einem Regenbogen entgegen, und weil sie nicht so weit reicht, trägt er eine zweite Leiter auf den Schultern. »Unternimm was«, steht darunter. Auf einem anderen Bild (*Gib dein Bestes*) wird die Leiter zu einer schmalen Brücke, über die eine Schubkarre mit Steinen geschoben wird. *Liebe, was du tust* hat Tomi Ungerer mit einer Leiter illustriert, die grüne Blätter und Früchte trägt und begossen wird, und so weiter, Leiter für Leiter, führt Ungerer durch Reinhold Würths Unternehmensphilosophie und bleibt dabei immer heiter.

Draußen, im Skulpturengarten, sehe ich das nächste Krokodil. Nicht aus Pappe, sondern aus Mosaiken zusammengesetzt. Eine Arbeit von Niki de Saint Phalle, und langsam frage ich mich, was die moderne Kunst an den Reptilien so fasziniert. Die Romantik liebte Säugetiere, Rassehunde, edle Pferde, aber selten Amphibien. Vielleicht ist es die Urgewalt, vielleicht die Gefahr, vielleicht das Ambivalente. Egal. Das Krokodil passt prima ins Ambiente. Wie auch der Totempfahl der Künstlerin und die *4 Figuren* von Horst Antes aus tonnenschwerem Stahl. Sie stehen am Seeufer herum, wie du und ich, nur größer und rostiger, was Absicht ist. Corten B heißt das Material, das gezielt diese Rosthaut entwickelt. Das ist alles neu für mich. Auch dass für die Skulpturen der Rasen wie ein Rahmen wirkt. So komme ich an Henry Moore vorbei und dann an etwas, das ich im ersten Moment ebenfalls für moderne Kunst halte, obwohl es nur ein Holzverschlag mit Treppe auf dem Kinderspielplatz des Nachbargrundstücks ist. Tschuldigung, mein Fehler. Oder ist es gar von Vorteil, dass ich mittlerweile nur noch Kunst sehe? Die moderne Kunst wie die der alten Meister? Die große Trauerweide am Ufer ist der pure Bio-Dürer. Auch Gott ist ein großer Künstler.

Die Sonne verabschiedet sich vom Bodensee mit spektakulären Farben. Rote Wolken spiegeln sich im Wasser. Ich weiß, das hier ist die Schweiz und keine norddeutsche Küstenlandschaft, trotzdem erinnern mich die Stimmung und das letzte Auftrumpfen des Lichts an die *Wolkenspiegelung in der Marsch* von Emil Nolde. Eines der ersten Bilder, das Reinhold Würth 1971 erwarb. Es wurde zum Grundstein seiner Sammlung.

Paul Swiridoff hatte ihm zu dem Kauf geraten. Der im Kaukasus geborene Meister der Porträtfotografie hatte in Hohenlohe die zweite und, wie er meinte, bessere Heimat gefunden und betrieb in Schwäbisch Hall ein Fotostudio und eine Galerie.

Eine große Freundschaft begann. Zwischen den Männern, aber auch zwischen Würth und der Kunst. In der Wohnung des Fotografen wurde der Unternehmer mit ihr zum ersten Mal bewusst konfrontiert. Swiridoff bevorzugte als Galerist zeitgenössische Kunst, und was immer bei ihm zu Hause an den Wänden hing, wirkte auf Reinhold Würth wie das Fenster zu anderen Welten: den abstrakten, expressiven, fantastischen. »Das veränderte das Leben meines Freundes«, sagte Swiridoff. Und wer verändert meines? Wer öffnet mein Auge für die moderne Kunst?

Dr. Sonja Klee hätte das Zeug dazu. Sie ist eine der Kuratorinnen des Konzerns, und ich treffe sie in der Kunsthalle Würth in Schwäbisch Hall. Als ich ihr von meinen Fragen in Rorschach erzähle, bestätigt sie meine Antworten. Ja, ganz recht, das Pappkrokodil von Tomi Ungerer sei kein Kinderkram, sondern Kunst, weil es in der Konsequenz eines ganzen Lebenswerks entstand. Und wenn man genau hinschaue, sehe man vielleicht auch den Unterschied zwischen kindlicher und gewollter Naivität. Und was ist, nächste Frage, mit seinem Humor? Ich muss gestehen, dass ich gern lache, auch im Museum, darum gefällt mir Ungerer ja so gut.

Aber warum ist er die Ausnahme? Warum ist hier Humor zwar nicht verboten, aber irgendwie unangebracht? Warum dieser Bierernst in der Kunst? Stimmt es denn nicht, was seinerzeit ein alter Grieche sagte? Ich weiß nicht mehr seinen Namen, und ich zitiere ihn sicherlich auch nicht wörtlich: »Je näher man den Göttern kommt, desto schallender wird ihr Gelächter.«

Die Kuratorin reagiert überrascht. »Darüber habe ich meine Doktorarbeit geschrieben. ›Kunst und Humor«. Und was war ihr Resümee? Dass ich schon wieder recht habe. Die Kunstwissenschaft misstraue dem Humor. Aber das liege nicht an der Kunst, sondern an der Wissenschaft, weil sie halt immer ernst sei. Auch Tomi Ungerer habe lange gebraucht, um endlich nicht mehr Illustrator, sondern Künstler genannt zu werden. Aber mittlerweile vergleicht ihn die Kunstkritik, was seine Produktivität angeht, sogar mit Picasso. Und Wilhelm Busch mit Albrecht Dürer.

»Wirklich?«

»Ja.«

Wir stehen während dieser Unterhaltung übrigens vor einem Exponat, das sich sofort verändern wird, wenn wir weitergehen. Eine Spiegelinstallation von Daniel Buren, die den Betrachter zu einem Bestandteil des Kunstwerks werden lässt, auf ihn aber auch gerne verzichten kann. Das Werk braucht mich nicht. Brauche ich es? »Man muss sich darauf einlassen«, sagt die Kuratorin. »Das geht bei der modernen Kunst nicht anders.« Ein paar Schritte weiter fällt es mir leichter. Denn da hängt einer, dessen Filme ich mag.

»Ich wusste gar nicht, dass David Lynch auch malt«, sage ich.

»Er kommt von der Kunst. Mit Hollywood begann er erst später.«

Change the fucking channel heißt das Bild, und je länger ich draufschaue, desto froher werde ich, dass ich in diesem Fall kein Teil des Kunstwerks bin und auch nicht werden kann, egal wie lange ich vor ihm stehen bleibe. Eine wütende Frau sitzt auf einem Bett mit einem großen elektrischen Schneidewerkzeug in der der Hand. Neben ihr ein Schoßhund.

»Der Hund symbolisiert die Treue«, sagt Dr. Klee.

»Und das ganze Bild symbolisiert was?«, frage ich.

»Vielleicht die Ehe«, antwortet sie.

Ja, das kann sein. Das Bild ist ziemlich grausig. Ich zeige auf einen Pfeil im oberen rechten Eck. Neben ihm fliegt ein kleiner Engel, und darunter steht »Heaven«.

Ich vermute, dass das der Ehemann ist.

Nächstes Kunstwerk. *Die Zelle* von Peter Halley. Eine beruhigende Grafik in sanften Farben, fast meditativ. Ein großes, teppichbodengrünes Quadrat, in das verschiedenfarbige und unterschiedlich dicke Balken münden. »Der Künstler bezeichnet das Zentrum als Zelle«, sagt Dr. Klee, »das andere symbolisiert die Versorgungsstränge.« Ich verstehe. So wohnt der Mensch in der großen Stadt. Aber ich verstehe nicht, warum mich diese Botschaft gerade so erfasst. Das ist doch normal. Aber warum berührt mich dann diese Abstraktion der Normalität so emotional? Isolation? Single-Zelle? Weit, weit weg von der Natur und damit fern der Heimat? Oder Meditation. Gebetszelle, Ruheraum. Ein interessantes Bild. Es wirkt sofort, wenn es erklärt wird.

Muss man die moderne Kunst erklären? Nur wenn die Erklärung ein Teil des Werkes ist. Bei *The Origin of Species* reicht der Titel nicht – auch nicht, wenn man ihn übersetzt. *Die Entstehung der Arten* heißt die Skulptur des britischen Künstlers Marc Quinn und bezieht sich damit auf Charles Darwin. Im Prinzip sieht sie aus wie ein Denkmal. Ein Marmorkopf auf einem hohen Sockel. Aber der Cäsaren-Kopf, sein eigener nebenbei, ist nicht aus Marmor, sondern aus gefrorener Kokosmilch geformt, und der Sockel ist ein Kühlschrank mit anspruchsvoller Technik, denn um zu überdauern, braucht das gefrorene Selbstporträt eine Temperatur, die nur sehr kompliziert herzustellen ist. Aufwändig und teuer. Und was will uns der Künstler damit sagen? Dr. Klee sagt es für ihn »Der Mensch ist die einzige Art, die nur mit technischen Hilfsmitteln überleben kann.«

Sie zeigt mir noch etwas. Eine Lichtinstallation des norwegischen Künstler Yngve Holen. Eine Reihe ovale Objekte an der Wand. Mundgeblasenes Glas, in Metall eingefasst. Es leuchtet in Trance-Grün.

»Woran erinnert Sie das?«, fragt die Kuratorin.

»An Flugzeugfenster.«

»Wissen Sie auch, von welchem Flugzeugtyp? Sie fliegen doch so viel.«

»Nee.«

»Eine Boing 787 Dreamliner.«

Die Installation ist maßstabsgetreu, aber aus anderen Materialen als das Original. Die Scheiben der Flugzeugfenster sind vom Glas her so gestaltet, dass sie an Amulette erinnern, die in arabischen Ländern gegen den bösen Blick benutzt werden. Ist das moderne Magie? Oder magische Kunst? Vielleicht beides.

Magie ist ein anderes Wort für Zauberei. Werden Denkmuster durchbrochen, sind wir frei. Auch frei von Illusionen, was zunächst mal eine erschreckende Freiheit ist. Kunst und Bewusstseinserweiterung wäre auch mal ein schönes Doktoranden-Thema, oder nicht? Tatjana Doll, Jahrgang 1970 und wohnhaft in Berlin, hat Zelte gemalt. Mannschaftszelte von Feuerwehr, THW und Militär. Wandgroße Formate, in leuchtenden Lackfarben. Das gelbe gefällt mir sehr. Es zieht mich an, es zieht mich rein, es wirkt so verlockend dreidimensional. Ist es aber nicht. Ist das gemein? Oder eine Hilfestellung zum besseren Sehen? Besseren Verstehen? Besseren dies und das. Kunst ist das eine und ihre Interpretation das andere. Ich will mich da nicht weiter lächerlich machen. Ich sag ja nur: Ich kam, sah und wollte da rein. Natürlich geht das nicht, trotzdem wollte ich es, und was mich verwundert ist die Verwunderung darüber. Das Bild hat meine Denkmuster durchbrochen.

200 mal moderne Kunst an einem Tag ist natürlich zu viel für einen Anfänger. Zigarettenpause auf der Terrasse der Kunsthalle. Blick auf die Altstadt von Schwäbisch Hall bei mäßig schlechtem Wetter. Trotzdem schön. Die Stadt gibt es seit dem Mittelalter, und sie brannte seitdem nur einmal ab. 1728 war das. Man baute sie etwas barocker wieder auf, und dabei blieb es bis heute. Unten das Kloster, die Gassen, der Fluss, und auf der anderen Seite des Kochertals die St.-Michaels-Kirche, darüber die Wolken. Sie stören nicht, im Gegenteil, sie geben dem Ausblick Charakter. Dasselbe lässt sich von der Kunsthalle sagen. Außen Crailsheimer Muschelkalk, ansonsten viel Glas und Stahl. Ein bisschen wie eine moderne Burg. Zwei Gebäudeteile, dazwischen die Terrasse, die bei zu viel Sonne überdacht werden kann. 2001 im Beisein von Kanzler Schröder eröffnet, erfüllt sie seitdem die Mission des Kunstsammlers Würth. Er sammelt nicht nur für sich, er sperrt die Werke der kreativen Elite nicht einfach weg, er behandelte sie nicht wie eine Frau, deren Schönheit nur er sehen darf. Oder wie Wertpapiere. Letzteres hat mir tatsächlich mal ein Galerist empfohlen. Er bot mir ein Schnäppchen an, von einem jungen Wilden, Kostenpunkt so um die 20 000 Euro. »Und das hänge ich mir

dann übers Sofa?«, fragte ich. »Nein«, sagte er. »Das legst du in einen Tresor und wartest zehn Jahre.« Wirklich?

Wie würde ich mich fühlen, wenn mein Buch, meine Geschichte, mein Gedicht nur einen Leser haben und ansonsten diebstahlsicher weggeschlossen sind? Und was würde ein Musiker sagen, dessen Lied gekauft wird, um es im Safe verschwinden zu lassen? Unvorstellbar, aber auf dem Kunstmarkt durchaus denkbar. Reinhold Würth macht da nicht mit. Was er kauft, können alle sehen. In mittlerweile 14 Ausstellungsstätten im In- und Ausland werden die mehr als 18 000 Werke bei freiem Eintritt in permanenten Wechselausstellungen gezeigt: Themenblöcke, von Picasso bis Kippenberger, von Dalí bis Anselm Kiefer und Georg Baselitz, von Miró bis Liebermann, große Namen, die Klassiker der Moderne, aber auch die neuen Wilden der zeitgenössischen Kunst ab den Sechzigerjahren, denen die Ausstellung gewidmet ist, aus der ich gerade komme. Christo war auch dabei, na klar. Er hat ja nicht nur den Reichstag in Berlin verhüllt, sondern auch das Museum Würth in der Würth Zentrale in Künzelsau-Gaisbach. Weiß man das? Muss man das wissen? Oder reicht es, dass ein paar Hundert Mitarbeiter in diesen Tagen außergewöhnliche Erlebnisse in außergewöhnlichen Arbeitswelten hatten, denn Christo verhüllte die Würth Zentrale von innen.

Ende der Zigarettenpause, es folgt ein Spaziergang mit der Kuratorin, erst ein paar Treppchen hinab zum Kocher und dann am Fluss entlang zur ehemaligen Johanniterkirche, die seit 2008 der Würth-Gruppe gehört und der Kunsthalle als Zweigstelle für die alten Meister dient. Sie führt mich zu einem der teuersten Gemälde der Welt.

Anno 1526 brauchte in Basel der Bürgermeister Jakob

Meyer zum Hasen ein Madonnenbildnis im Kreise seiner Familie. Warum, weiß man nicht mehr, aber es wird spekuliert. Die einen sagen, den treuen Katholiken nervte der Siegeszug der Reformation in seiner Stadt, und er wollte mit dem Bild dagegenhalten. Die anderen glauben, er benötigte den Schutz der Madonna, weil ihm der Arsch auf Grundeis ging. Die Calvinisten im Stadtrat warfen ihm Korruption und Amtsmissbrauch vor, und wären sie damit durchgekommen, hätte auf den Herrn zum Hasen der Henker gewartet. In einer solch prekären Situation beauftragt man nicht den erstbesten Künstler, sondern einen der besten seiner Zeit. Außerdem wohnte der gerade in Basel. Hans Holbein der Jüngere wurde von späteren Kunstkritiker-Generationen als einer der bedeutendsten Maler der Renaissance gefeiert, aber die Nachwelt ist ja immer klüger. Zu seiner Baseler Zeit war man noch nicht so weit, die wahre Größe dieses Künstlers zu erkennen, was ihn für einen Bürgermeister auch bezahlbar machte.

Ob es nun an der Madonna lag oder an der dünnen Beweislage, Jacob Meyer zum Hasen konnte weder Korruption noch Amtsmissbrauch nachgewiesen werden, und er starb 1531 eines natürlichen Todes. Seine Tochter Anna erbte das Bild, und es blieb immerhin bis 1606 im Familienbesitz. Erst dann veräußerten es Annas Nachkommen für 100 Goldkronen an einen Baseler Diplomaten, und die Odyssee der Holbein-Madonna durch den Kunstmarkt begann.

Der Diplomat starb, das Bild übersiedelte nach Amsterdam. Der Kunsthändler Michel Le Blon hatte es für 1000 Imperials erworben. Eine russische Währung. Ein Imperial entsprach 10 Rubel. Damit sich seine Investition optimal rentierte, ließ Michel Le Blon das Gemälde von dem deutschen Maler Bartholomäus Sarburgh kopieren. Das Original verkaufte er für 3000 Gulden an einen holländischen Banker, die Kopie bekam ein anderer Banker aus Amsterdam. So wurden aus einer Madonna schnell mal zwei, und beide gingen auf Reisen. Die Kopie erst einmal nach Italien, denn der Banker hatte Schulden in Venedig, die er mit der Fälschung beglich. Der neue Besitzer gab sie weiter an den Cavaliere Zuane Dolfin, und langsam wurde die Kopie berühmt, denn das Gemälde zählte alsbald zu den Sehenswürdigkeiten der Bildungsreisen junger Adliger in den Süden. 1773 kaufte König August III. von Sachsen und Polen die kopierte Madonna und brachte sie in die Dresdner Gemäldegalerie. Dort verblieb sie bis heute.

Die Reise des Originals verlief dagegen ohne mediterrane Schlenker. Von Amsterdam zu einem holländischen Gutsbesitzer auf dem Land, und als das Gut versteigert werden musste, gehörte das Bild zur Masse. Anfang des 17. Jahrhunderts fiel es in die Hände der Herzöge von Lothringen, 1822 erreichte es Berlin. Der Bruder des Königs von Preußen kaufte es als Geburtstagsgeschenk für seine Gattin Prinzessin Marianne von Hessen-Homburg, und ihre Tochter, die das Bild erbte, heiratete den Prinzen Karl von Hessen-Darmstadt. Ob es nun eine Liebesheirat war oder eine politische, ist in diesem Zusammenhang unerheblich. Fakt ist, das Original aus der Hand Meister Holbeins war von nun an im Familienbesitz der Großherzöge von Hessen und schmückte das Darmstädter Schloss.

Ein Streit entbrannte jedoch in der Kunstwelt des 19. Jahrhunderts darüber, welche von beiden Madonnen die echte war und welche die falsche. Die in Darmstadt oder die in Dresden? Die Kopie sah nämlich besser aus als das Original. Runder, perfekter, harmonischer. Der Streit ging quer durch die Reihen der üblichen Verdächtigen, der Künstler, Kunsthistoriker und des kunstaffinen Publikums, und er wurde erst geschlichtet, als man die Madonnen mit Röntgen- und Infrarotstrahlen durchleuchten konnte. Ergebnis: Die etwas imperfektere in Darmstadt war der echte Holbein. Sie wurde von nun an »Darmstädter Madonna« genannt. Und wie gelangte sie dann nach Schwäbisch Hall? Nun, auch das ist keine wirklich kurze Geschichte.

Zweiter Weltkrieg, Flucht vor den Feuern der Brandbomben, erst nach Schlesien, dann nach Coburg, aber nach Kriegsende holten sich die Erben der Hessischen Großherzöge ihre Madonna zurück. Um sie von 1947 bis 1958 an das Baseler Kunstmuseum zu verleihen. Im Gegenzug ermöglichten die Eidgenossen Darmstädter Kindern einen Urlaub in der Schweiz. Madonnen-Kinder wurden sie genannt. Von 2004 bis 2011 wurde sie noch einmal ausgeliehen. In das Städel Museum nach Frankfurt am Main. Dort hätte man sie gern behalten. Als sie endlich zum Verkauf anstand, um Steuerschulden der Besitzer zu begleichen, brachte Frankfurt 40 Millionen Euro zusammen. Dafür war sie aber nicht zu haben. Reinhold Würth bekam den Zuschlag.

Die letzten Fragen

Ein Nachmittag in seinem Büro. Reinhold Würth ist müde. Aber vielleicht langweilt er sich ja auch nur bei meinen Fragen. Wir sprechen über Schlüsselerlebnisse, die wir für seine Biografie noch nicht beachtet haben.

»Na gut«, sagt er, »ein Schlüsselerlebnis war, als mir die Westdeutsche Landesbank 5 Millionen Mark Blankokredit gegeben hat.«

»Wann war das?«

»Anfang der Sechzigerjahre.«

»Das ist lange her. Trotzdem blieb der Tag unvergesslich?«

»Ja, das war ein echtes Schlüsselerlebnis. Die hatten überhaupt nicht nach irgendwelchen Sicherheiten gefragt. Vorher wollten die immer möglichst drei Absicherungen, so als ob man eine Hose mit Gürtel, Hosenträger und dann noch mit Nadeln festhält.«

»Und warum wollten sie das jetzt nicht mehr?«

»Ach, die hatten uns beobachtet. Die vertrauten dem Erfolg.«

»Gibt es auch einen Tag in Ihrem Leben, an dem Ihnen klar wurde, dass für einen Konzern die Kunst des Führens das Wichtigste ist?«

»Eigentlich nicht. Das verlief evolutionär.«

»Sie meinen, erst lernt man, mit zehn Mitarbeitern

umzugehen, dann mit 100, dann mit 1000 und 10 000 und so weiter?«

»Ja, genau. Außerdem habe ich immer versucht, bescheiden zu bleiben und nie den großen Zampano zu machen. Das hat dem Unternehmen immer sehr, sehr gutgetan.«

Reinhold Würth sieht wieder mal sehr gut aus, nicht nur für sein Alter, sondern überhaupt. Jedes Alter hat seine eigene Schönheit, wenn man es richtig lebt. Und dazu steht. Auch auf den Bühnen, auf denen ich ihn sah, war er hundert Prozent authentisch. Er verstellt sich nicht. Und das macht ihn so menschlich. Außerdem kann ich bei jedem Treffen einen anderen Anzug bewundern. Die Kleidung ist unsere zweite Haut, und das Interessante daran ist, dass wir sie selbst anlegen und nicht Gott oder die Chaostheorie, also die Gene. Die Perfektion seiner Dreiteiler ist der passendste Ausdruck seiner Persönlichkeit. Und diese satte Ruhe in seinem Büro ist mir mittlerweile ebenso angenehm vertraut. Man könnte problemlos auch ein Weilchen schweigen, ohne sich zu langweilen. Von hier hat er jahrzehntelang die Welt erobert oder, um auf dem Teppich zu bleiben, den Weltmarkt.

»Ich frage mich, Herr Würth, ob die Führungskultur das Einzige ist, was Sie nicht von Ihrem Vater gelernt haben. Alles andere hat er Ihnen ja beigebracht. Aber so viele Menschen unter einen Hut zu bringen, das war für ihn nicht nötig.«

»Na ja, er hat immerhin im Elsass einen Betrieb mit 300 Leuten geführt. Er war schon sehr aktiv, eigentlich.«

Noch schleiche ich um den heißen Brei herum. Aber vom Vater zum Sohn ist es nur noch ein Schritt.

»Herr Würth, es gibt Themen, die ich ungern anspreche, weil ich mir vorstellen kann, dass sie wehtun. Aber in einer Biografie kommt man nicht darum herum.«

Er nickt.

»Sie sagten mir bei unserem allerersten Treffen, dass Sie sich als Glied in der Kette Ihrer Ahnen verstehen. Ihr Großvater hat Ihren Vater zu den Schrauben gebracht, und Ihr Vater hat dasselbe für Sie gemacht.«

Er nickt.

»Und meine Frage betrifft den Moment, als Ihnen klar wurde, dass Ihr Sohn durch die Schutzimpfung und das monatelange Fieber danach einen Gehirnschaden erlitten hatte und sein Leben lang geistig behindert sein würde. Wurde Ihnen da auch gleich bewusst, dass die Kette gerissen ist? Dass Sie ihm Ihr Unternehmen nicht als Nachfolger übergeben können, so wie es Ihr Vater seinerzeit tat? War das für Sie ein Thema damals?«

Reinhold Würth antwortet, ohne auch nur einen Moment zu überlegen.

»Nee, das hat mich nie beschäftigt. Auch nicht später. Die Töchter sind ja auch da, Bettina sowie die Enkel Benjamin und Sebastian, die sind ja alle im Geschäft. Aber ich hätte viel darum gegeben, wenn Markus gesund gewesen wäre.«

Reinhold Würth stockt für einen Augenblick.

»... Der Markus ist so ein lieber Mensch, also charakterlich wäre der super gewesen ...«

Er schweigt wieder.

»... Er wäre auch ein richtiger Volltreffer gewesen«, sagt Reinhold Würth. »Doch es hat halt nicht sollen sein.«

Ich werde den Blick, den er mir zu diesen Worten schenkt, wahrscheinlich nicht so schnell vergessen. Er passt so sehr zu der Musik, die mir seine Frau vorher in Schloss Hermersberg vorspielte. Ihre Lieblingsmusik und direkt oder indirekt ihre Antwort auf meine Frage, wie sie das Schicksal ihres Sohnes verarbeitet hat. Russische Choräle. Extrem traurig, extrem schön.

»Das ist Schicksal«, sage ich.

»Ja«, sagt Reinhold Würth.

»Und da hat Ihnen Ihr Glaube auch sehr geholfen.«

»Ja, sicher …«

»Dein Wille geschehe?«

»Ja, genau.«

Es folgt ein kleiner theologischer Diskurs über zentrale Aussagen des Vaterunsers. Ich erzähle Reinhold Würth, wie ich dieses »Dein Wille geschehe« interpretiere und wie es mir geholfen hat, mich selbst zu akzeptieren. Auch meine Fehler, meine Schwächen, meine Sünden, meine Misserfolge. Denn es war ja auch »sein Wille«, dass ich bin, wie ich bin. Aber so weit will Reinhold Würth da nicht mitgehen.

»Das ist nur eine gute Entschuldigung«, sagt er.

»Vielleicht, aber solange es funktioniert, also mir Frieden bringt …«

»Na gut, aber man ist ja für sein Tun verantwortlich.«

Ist das gerecht? Ist das logisch? Ist das Religion? Gott oder die Chaostheorie hat genetisch, familiär und soziologisch entschieden, wie, wo, wann und mit welchen Anlagen wir ins Leben treten, aber die Folgen verantworten alleine wir?

»Ich habe auch mal Sylvester Stallone zu diesem Thema befragt, Herr Würth. Und seine Antwort gefiel mir sehr gut. ›Wenn du dein Bestes gibst, bist du nicht schuldig‹, hat er gesagt. ›Aber es gibt Grenzen, über die man nicht kommt, und die muss man akzeptieren.‹«

Reinhold Würth lässt das mal so stehen, aber es ist ihm anzusehen, dass »Grenzen akzeptieren« ihm grundsätzlich suspekt erscheint. Deshalb Themenwechsel.

Zu den schönen Dingen des Lebens. Ich bin noch immer beseelt von dem Eindruck, den die Schlösser auf mich hinterließen. In Hermersberg, in Friedrichsruhe. Und auch von den anderen Anwesen, die ich sah. In Salzburg, Faro und an der Spree. Jedes ist anders, das ist klar, aber eines eint sie. Die Perfektion, mit der sie sich der Umgebung, der Kultur, der Tradition und dem Geist des Standorts anpassen. Das eine ist perfektes K.-u.-k., das andere die perfekte Wohnkultur für die Algarve, und Schwanenwerder am Wannsee ist der perfekte Traum vom Berlin der guten Jahre.

Was für seine Wohnsitze gilt, stimmt auch für seine Arbeitswelten. Rund um den Globus haben viele gute Architekten der Welt für Reinhold Würth ihr Bestes gegeben, mit viel Kunst am Bau und viel Kunst drinnen, mit viel Licht, viel Raum, viel Grün und viel von all dem, was man sonst noch braucht, damit Arbeit auch Freude machen kann. Und selbstverständlich findet sich sein Hang zur Perfektion auch in der Führungs- und Unternehmenskultur des Konzerns, den er aufgebaut hat. Und ersetze ich nun das Wort »Perfektion« durch das Wort »heil«, komme ich meiner letzten Frage näher, um nicht zu sagen, ich bin schon dran. Denn ich ahne mittlerweile, dass es Reinhold Würth nur darum geht: Er sehnt sich nach heilen Welten. Und darum schafft er sie. Sein oder Haben? Er sieht darin wahrscheinlich keine Gegensätze. Er will das Sein gestalten, dafür muss er es haben.

»Aber der Besitz an sich interessiert Sie eigentlich nicht«, sage ich.

»Natürlich nicht«, antwortet Reinhold Würth.